叢書刊行の辞

二一世紀も一〇年を過ぎた今日、わたくしたちは、如何なる文明の萌芽を見出しているのか。新たな文明を構築せんとしているが、依然として混迷の時代に生きている、これが実感ではなかろうか。過ぎ去りし二〇世紀は、貧困からの解放と物質文明の時代であった。この文明に大きく寄与したのは企業であり、その世紀は物質経済を中心とした企業文明でもある。その企業経営を主な研究対象として成立した経営学は、まさに二〇世紀の学問である。

経営学は現実の経営の世界とともに生き、歴史を刻んできた。これまでの経営が、時代の流れに沿いつつ、ある時には時代の流れに立ち向かってきたように、経営学もまた、時々の経営と相携えながらも、ある時には、時代を生み出す経営の理論化を試み、またある時には、現実の経営の批判を通して時代への問いかけを行ってきた。

このように経営学は、その成立以来、現実の経営の世界からの要請に応えるような形で展開し、その実践的解決に向けて関連する諸分野の知見を統合する学問として時代に応えてきた。日本においては、「骨をドイツに、肉をアメリカに」求めた経営学研究であったが、社会科学を標榜しつつも、基本的には現実の経営の世界からの実践的要請に応え、現実の経営とともに物質文明への貢献をなしてきた。そして、物質の豊かさを謳歌さえすればよかった時代が過ぎた今、わたくしたちには、物質文明の負の遺産を背負いつつ持続可能な社会を実現しうる、二一世紀の新たな文明の構築が求められている。それは同時に、二〇世紀とともに生きてきた経営学の存在を問い直さねばならないということを意味している。

経営学の存在を問い直すこと、それは、これまでの現実の経営がその時代の中で生かされてきた「生活世界」——これは、科学の根源的基盤でもある——に眼差しを向けて経営の存在を問い、そこに経営学を基礎づけ、その歴史を顧みることである。歴史は過ぎ去ってはいるが、今ここに、経営学の現在の基礎として存在する。そして未来も現在のうちにあり、創造しうる未来は関連する過去を契機とするものに他ならない。それゆえに、今ここにあるわたくしたちは、二一世紀という未来への契機となすために経営学の歴史を紐解くことが要請されよう。

このような時機に、二〇一三年に創立二〇周年を迎える経営学史学会は、その記念事業として全一四巻の『経営学史叢書』を刊行することとなった。この『叢書』では、経営学の百有余年の歴史の中で批判を受けながらも今日なお多大な意義を有し、かつ「二一世紀の来たりつつある文明の諸相と本質を見通しうる視野を切り拓く」学説・理論を取り上げる。

各巻の基本的内容は、次の通りである。

（一）　学者の個人史を、時代的背景とともに明らかにする。

（二）学説の紹介には、①学者の問題意識と研究課題、及び対象への接近方法、②学説を支える思想、また隣接諸科学や実践との関連性、③学説の歴史的意義と批判的評価、を盛込む。
（三）学説のその後の展開を示し、二一世紀の課題に対する現代的意義を明らかにする。
『叢書』は、初学者を対象としているが、取り上げる学者の思想に基づく〝深み〟と、実践的広がりに基づく〝豊かさ〟を実現、研究者にも注目される水準を維持することを目指している。

各巻の責任編集者には、学会の叡智を結集する執筆者を選定し、『叢書』刊行の趣旨の理解とその意図を実現する、という多大な要求を求めることになった。本書が経営学史学会に相応しい『叢書』であるならば、それは偏に責任編集者の貢献によるものである。

叢書編集委員会は、単に企画するだけではなく、各巻に「担当者」として委員を配置し、責任編集者と連絡を取り、巻の編集の開始から進捗状況の把握、刊行に至る過程全体に責任を持つという体制をとった。とくに河野大機編集委員長には、叢書全体の調整に腐心をいただいた。その尽力に深く感謝申し上げたい。また、前野　弘氏、前野　隆氏、前野眞司氏はじめ株式会社文眞堂の方々には刊行の全てに渡ってお世話になった。ここに感謝申し上げる次第である。

ますます混迷を深める二一世紀に向けた新たな文明の構築に、この『経営学史叢書』がわずかでも貢献することができれば望外の喜びである。

二〇一一年一一月二〇日

編集統括責任者　吉原　正彦

『経営学史叢書』編集委員会

経営学史学会創立20周年記念

経営学史叢書 Ⅷ

ウッドワード

Joan Woodward

経営学史学会監修

岸田民樹［編著］

文眞堂

ジョアン・ウッドワード（1916-1971）

写真提供
矢島鈞次・中村壽雄共訳『新しい企業組織』
日本能率協会、一九七〇年より転載。

まえがき

本書『ウッドワード』は、経営学史学会創立二〇周年記念事業の一つである『経営学史叢書』第Ⅷ巻である。経営学史の中では比較的新しい理論である状況適合理論（Contingency Theory）を解説する目的で、ジョアン・ウッドワード（Joan Woodward, 1916-1971）が選ばれた。状況適合理論の代表的研究者としてウッドワードが選ばれたのは、状況適合理論の最初のアイデアを提示したこと、故人であるということ、が重要な理由であった。

第一章「イギリス経営学とウッドワード」は、ウッドワードの生涯とその業績の紹介である。イギリス社会と学界における彼女の研究の位置づけ、タヴィストック人間関係研究所の社会―技術システム論との関係、が簡明に叙述される。

第二章「新しい企業組織」は、ウッドワード（一九六五）の内容紹介と、紹介者の視点からみたウッドワード理論の評価である。

ウッドワード（一九六五）は、技術と組織構造の関係を初めて体系的に論じた著書である。これまで「唯一最善の組織化の方法」を追及してきた経営学が、技術と組織構造の「適合」が高業績をもたらす現実を認めたのである。ここでは二つの視点から、ウッドワードの研究が評価される。一つは、ウッドワードと社会—技術システム論との関連であり、社会—技術システム論に基づく作業組織の多様なあり方が、ボルボとトヨタの比較を中心に論じられる。もう一つは、ウッドワードにおける組織変革の事例にみられた、従業員の変革への抵抗とその克服の方法についての議論である。複数の職能にまたがる水平的関係の確立とパワーの再配分が必要であることが、指摘される。

第三章「技術と組織構造」は、ウッドワード（一九七〇）の解説と、紹介者の視点からの、それへの評価である。

ウッドワード（一九七〇）は、技術尺度の中間領域である大バッチ・大量生産における物理的な作業の流れは、統制方法にとってそれほど厳格な制約にならず、経営者の政策と関連があるとの認識から、生産技術と統制システムの関係が調査されたところから、研究が始まった。こうして、単一システム—多様なシステムと人的統制—機械的統制という二つの軸に沿って、生産技術と統制システムが四つに分類された。

ここでも、二つの視点から、この研究が評価される。一つは、ウッドワードと社会—技術システム論の比較であり、分析レベル（ウッドワードが組織全体、社会—技術システム論は作業組織）と社会システムの扱い方（ウッドワードは従属変数、社会—技術システム論は独立変数）が異なることが指摘されている。もう一つは、技術が組織ではなく、組織間関係に与える影響についての評価である。今日、一組織だけでは技術革新は完結されず、日本のサプライヤーシステムやプラットフォームなど、技術の影響は益々広範囲に及んでいる。その意味で、経営における技術の役割を強調したウッドワードの意義と影響力は、ますます増していると言える。

第四章「ネオコンティンジェンシー理論の理論的・思想的性格―L. Donaldson における「組織理論の擁護」―」は、技術に対して、規模の組織構造への影響を指摘した、アストン・グループのメンバーであるドナルドソン（L. Donaldson）の業績の評価である。ドナルドソンは、状況適合理論への批判に対して、機能主義・実証主義こそ組織理論の王道であるとして、主意主義的、反管理論的研究を批判している。ただし、彼は組織構造を変数間の無機的・関数的関係で説明しようとするという意味で、人間の関わる管理の問題を十分に把握していない。

終章「ウッドワードと状況適合理論の生成・展開」では、ウッドワード（一九六五）が状況適合理論のアイデアの起点であり、これに反応したアメリカの研究者（ローレンス、ローシュ、ペロー、トンプソンなど）が、一九六七年に一斉に研究書を刊行し、ここに、状況適合理論が成立したことが指摘されている。ここでは、第一に、状況適合理論を、技術と組織構造、課業環境と組織過程、課業と組織デザインの三つの領域に分けてその展開が、第二に、チャイルドの戦略選択論を中心とした「環境決定論である」という状況適合理論批判が、第三に、それに応えようとしてチャンドラーの戦略論を導入した、一九八〇年代以降の状況適合理論の展開が、紹介されている。

本巻は、ウッドワードを通じての状況適合理論の紹介と評価である。本書の構成は、責任編集者が担当し、関連のある若手研究者にウッドワードの二冊の著書を紹介・評価してもらい、更にお二人の研究者に執筆を依頼した。二冊の著書の読み込みについては、一年半にわたり、研究会を六回開いた。残念ながら、本巻全体について執筆者全員で調整を行うことはできなかった。本巻全体については責任編集者の、各章については執筆者と責任編集者の共同責任であることは言うまでもない。

最後に、責任編集者の個人的感想ではあるが、状況適合理論についての思い出を記すことをお許しいただきたい。一九七八年、神戸で経営学会・国際大会が開かれ、チャイルドとミンツバーグが招待された。懇親会でチャイルドに話しかけて、「あなたは状況適合理論の最大の批判者ですね。」と言ったところ、彼は、「そうじゃない。私は状況適合理論が適用できるところとできないところを明確にしたいのだ。」と応えた。確かにチャイルド（一九七七）には、"Contingency Theory and Beyond" という副題をもつ論文があり、その直後の来日であったことが、今では懐かしく思い出される。

もう一つの思い出は、責任編集者が一九九九年の組織学会（於：京都大学）で、状況適合理論について報告したところ、ある先生から、「アメリカの経営学会では、既に状況適合理論は墓標になった、と言われている。」というコメントをいただいた。日本では、一九八〇年代に、状況適合理論は「もう終わった」と言われた。しかし、本巻第四章に詳しいように、ドナルドソンの主要な業績は、一九八五年以降である。また、終章で述べたごとく、一九八〇年代以降、状況適合理論は、チャンドラーに始まる戦略論を取り入れて、あたかも戦略を状況要因とするかのごとく、展開されてきた。環境決定論という批判への、状況適合理論の側からの、それなりの「回答」であったと思われる。

一九七〇年、大学三年生のときの、ゼミナールの夏期合宿で、ウッドワード（一九六五）の翻訳『新しい企業組織』が出版され（一九七〇年六月一日付）、何気なくそれを読んで報告した。それ以来の、四〇年を越える状況適合理論との付き合いとなった。状況適合理論が終わろうが終わるまいが、自身の研究生活の根幹をなすテーマである。また、終わったなら終わったで、そこから、定まった経営学史的評価が可能であると思う。

本巻が、若い経営学史研究者にとって、何らかの刺激となれば幸いである。

（岸田　民樹）

目次

第一章　ウッドワードの生涯と研究

第一節　はじめに——状況適合理論の起点としてのウッドワードの研究——

一九六〇年代から七〇年代にかけて組織論・管理論の分野において世界的に最も大きな関心と議論を集め、多くの研究者の支持を集めて一大研究潮流を形成していたのは状況適合理論（contingency theory）であった。この状況適合理論の方法論的特徴は、佐々木&レン（D. A. Wren）によれば、①合理的モデル（研究の焦点を組織の公式目標の達成に関わる組織構造に置くもの）であり、②組織とその環境との相互作用を考慮した「オープン・システム」思考に基づく「オープンな合理的モデル」であるとともに、③組織のパフォーマンス（業績）は環境と組織の適合性（compatibility）に拠るとする仮定に求められる。[1] さらに状況適合理論の方法論的な特徴として④実証的研究を基盤としていること、そして⑤組織や管理のための「唯一最善の方法（one best way）」を否定し、ある一定の条件（環境、技術、規模等）の下での有効性ないし「適合性」を明らかにする「中範囲（middle range）」理論の構築を目指していることに求められる。

この状況適合理論は、佐々木&レンによれば、以下の三つのタイプに分けられる。即ち、第一は、技術と組織構造の適合可能性を論じる研究である。このタイプには、本章がテーマとするウッドワードやペロー(C. Perrow)の研究が挙げられる。第二のタイプは課業環境の不確実性(the uncertainty of task environment)に研究の焦点を当てて、環境適応のための分化(differentiation)と統合(integration)という組織プロセスが環境と適合的であるかどうかを探求するものであり、このタイプにはローレンス(P. R. Lawrence)とローシュ(J. W. Lorsch)の研究が挙げられる。そして最後の第三のタイプは環境の不確実性の中で環境と組織プロセスの適合可能性を実現しうる組織デザインの研究であり、トンプソン(J. D. Thompson)やガルブレイス(J. R. Galbraith)の研究が挙げられる。(2)

こうした一連の状況適合理論の研究の嚆矢をなしたものこそ、上述の第一のタイプの研究であり、とりわけ一九五〇年代にサウス・イースト・エセックス工科大学(the South East Essex Technical College)(3)で行われた、ウッドワード女史を中心とする研究チームの「サウス・エセックス研究」であった。この研究は、状況適合理論のその後の発展に極めて大きなインパクトを与えた、「技術が組織構造を規定する」という、今日でも良く知られている命題を最初に実証的に明らかにした研究であった。彼女を中心とする研究チームの研究成果のエッセンスはすでに一九五八年に英国の科学技術研究庁(Department of Scientific and Industrial Research)から出版された、四〇頁にも満たない報告書(『管理と技術(*Management and Technology*)』)に示されており、これによって彼女の研究は米国の組織論研究者の間でも一躍知られるところとなっていた[4]。ペローによれば、彼女の研究は「技術を独立変数として使用する、最も野心的で刺激的な比較研究（the most ambitious and stimulating comparative study）」として位置づけられている。ピュー（D. Pugh）とヒクソン（D. Hickson）の『組織研究の偉人達（*Great Writers on Organizations*）』の最新版でも、ウッドワードの名前は、テイラー（F. W. Taylor）、マックス・ウェーバー（M. Weber）、メイヨー（E. Mayo）、そしてサイモン（H. A. Simon）と並んで挙げられているほど、彼女の研究は組織研究の発展に大きな影響を与えたのであり、その後の状況適合理論の起点に位置づけられうる研究として今日でも極めて高い評価を受けている[5]。

同時に、この時期、英国においてこのウッドワードの研究と並んで、技術革新ないし技術が組織に与える影響をめぐって数多くの実証的研究が生まれていた。なかでもロンドンにあるタヴィストック人間関係研究所（The Tavistock Institute of Human Relations）のトリスト（E. L. Trist）やエメリー（F. E. Emery）といった研究者集団によって、一九五〇年代・六〇年代に展開されてきた社会－技術システム論（the socio-technical systems theory）が提唱されてきた。この研究も生産技術が組織に及ぼす重要な影響を明らかにした研究として知られており、「技術学派（technologists）」として位置づけることができる。これは、一九七〇年代の「労働生活の質的改善（The Quality of Working Life: QWL）」の議論において世界的関心を集めることになった「自律的作業集団（autonomous work group）」と呼ばれる「新しい作業組織」を提唱したことで知られるとともに、ウッドワードの「技術決定論」に対して同一技術の下での「組織選択（organizational choice）」の可能性を提起したことで極めて対照的な研究であった。

本章は、以下において、ウッドワードの生涯と研究を明らかにするとともに、ほぼ同時期に展開されてきたタヴィストック学派の社会－技術システム論も考察することで、ウッドワードの研究の特徴と意義を明らかにしようとするものである。

第二節　ウッドワードの研究者としての生涯

ウッドワード女史は一九一六年に生まれ、オックスフォード大学で中世史の研究で学位を取得したのち、一九四八年から五三年までリバプール大学で講師を勤め、社会学部の教員として、病院、造船所、小売店舗などのさまざまな状況での雇用関係（employment relations）に関する実態調査を行っていた。(6) この初期の実証研究は多くの研究業績を生み出しているが、なかでも一九六〇年に出版された『セールス・ウーマン（*The Saleswoman*）』と題する研究は、それまで無視されてきた、サービス業における雇用問題のパイオニア的研究であった。このリバプール大学勤務の時代に英国の社会学者であった、ラプトン（T. Lupton）といった労使関係の研究者たちと研究交流を持つようになった。すでにラプトンは技術変化が職場に及ぼす影響に関する独創的研究を行っていたことで知られており、こうした研究交流は明らかにその後のサウス・エセックス研究にも大きな影響を及ぼすところ

となった。(7)

その後、サウス・イースト・エセックス工科大学に移り、四年間、人間関係研究ユニット（the Human Relations Research Unit）のリーダーとなった。この時期、彼女の名前を英国内だけではなく、米国でも広めるところとなったサウス・エセックス研究が行われた。その後「アストン研究」として世界的に知られることになった研究もバーミンガム先端技術大学（College of Advanced Technology）に属する研究者集団によって行われた研究であり、この二つの有名な研究がいずれも「総合大学（university）」ではない「カレッジ」に属する研究者集団から生まれたのであり、さらにサウス・イースト・エセックス大学はバーミンガムCATよりも「格下」と見なされていた。「アストン研究」チームの一員であったハイニングズ（C. R. Hinings）は「アカデミックな世界でいかにしばしばイノベーションがその周縁部から生まれるかを物語るものである」と述べている。(8)

当初の研究プロジェクトの終了後、一九五七年にはインペリアル・カレッジ（Imperial college of science and technology）（当時はロンドン大学の一部であったが、その後、独立し、独自の学位授与機関として認可された）に非常勤講師として勤務したのち、一九六二年には専任講師となり、一九六九年には産業社会学の正教授（a chair）に就任した。(9) ウッドワード女史は「インペリアル・カレッジで正教授に就任した第二番目の婦人」(10)であった。当時、英国の大学研究者は、圧倒的に男性中心であったのであり、彼女は「例外であり、特別の存在であった。彼女はその仕事と評判が……米国にまで轟く、英国の社会科学者の数少ない一人であった。彼女はアカデミックな世界と実業の世界という極めて男性中心の、二つの世界でまれに見る成功を収めた婦人であった。こうした二つの世界に跨って成功を収めた婦人は当時誰一人いなかったように思える。[11]」一九六〇年代には、郵政省、厚生省、労働省の顧問を務め、そのほか物価・所得全国委員会、社会科学調査委員会等の多数の審議会委員を歴任していた。[12]

一九六〇年代に入るとすでに米国のペロー、ローレンスやローシュといった研究者にウッドワードの業績はよく知られており、一九六五年には当時、ハーバード・ビジネス・スクール教授であったローレンスが主宰する研究会にウッドワードは招待されている。翌年の春にもローレンスが主催する研究会（リゾート地「ケープコッド」で開催された"Connamasset Conference"）にも参加し、ペロー、ローレンス、ローシュ、ベル（G. Bell）といったコンティンジェンシー理論家集団と研究交流を行っている。[13]

しかし、彼女はガンに侵され、一九七一年に五四歳の生涯を閉じた。インペリアル・カレッジの研究チームの一員であった、若い女性研究者のクライン（L. Klein）が胸のしこりに気づき一九六八年に手術した（幸い、クラインの腫瘍は良性であった）のが切っ掛けになって、ウッドワードも検診を受けたところ、悪性の乳がんが発見され、手術を繰り返すところとなった。もうその頃からすでに余命僅かであることは彼女自身認識していた。[14] 彼女を失ったインペリアル・カレッジの研究チームの悲しみ・喪失感がいかに大きかったかを、グリフィスス（D. Griffiths）、ドーソン（S. Dawson）、クラインらが、その思い出として語っている。[15] 彼女の死後、彼女の業績を讃えて、友人・同僚、さらには彼女が関係した企業からの寄付によって「ウッドワード基金」がつくられ、これによって今日に至るまでインペリアル・カレッジで、技術と組織に関する研究をめぐって、年二回の記念講義（a biannual memorial lecture）が開催され、また学部・大学院の学生へのウッドワード賞が授与されている。[16]

ウッドワード女史は、約二十年間の研究者としての生涯において、以下のような一連の研究業績を残している。[17]

一 ウッドワードの主要著作

Woodward, J. (1950), *Employment Relations in a Group of Hospitals: A Report of a Survey by Woodward*, London, Institute of Hospital Administrators.

Woodward, J. (1958), *Management and Technology: Problems and Progress in Technology 3, etc.*, London, HMSO.

Woodward, J. (1960), *The Saleswoman: A Study of Attitudes and Behavior in Retail Distribution*, London, Isaac Pitman & Sons.

Woodward, J. (1965), *Industrial Organization: Theory and Practice*, London, Oxford University Press.（矢島鈞次・中村壽雄共訳『新しい企業組織』日本能率協会、一九七〇年。）

二　ウッドワードの重要な研究成果が掲載されている著作

Flanders, A., R. Pomeranz and J. Woodward, assisted by B. J. Rees (1968), *Experiments in industrial democracy: A study of the John Lewis Partnership*, London, Faber.

University of Liverpool Department of Social Science (1954), *The Dock Worker: An analysis of conditions of employment in the port of Manchester*, Liverpool, University of Liverpool Press.

Woodward, J. (ed.) (1970), *Industrial Organization: Behaviour and Control*, London, Oxford University Press.（都筑　栄・宮城浩祐・風間禎三郎訳『技術と組織行動』日本能率協会、一九七一年。）

Woodward, J. (1966), "Right management," *New Society*, 8 (208), 441–443.

Woodward, J. (1968), "Resistance to change," *Management International Review*, 8, 137–143.

Woodward, J. (1969), "How the prices and incomes board should be work," *New Society*, 13 (331), 168–169.

Woodward, J. (1970), "Technology, material control and organizational behavior," In: A. R. Negandhi and J. P. Schwitter (eds.), *Organizational behavior models*, Kent, OH, Kent State University Press.

三　ウッドワードによる書評

Woodward, J. (1965), "Review of Tom Lupton, industrial behavior and personnel management" (London, Institute of Personnel Management, 1964), *British Journal of Industrial Relations*, 3, 263–265.

Woodward, J. (1968), "Review of John H. Goldthorpe, David Lockwood, Frank Bechhofer, & Jennifer Platt, The affluent worker: Industrial attitudes and behavior" (Cambridge, Cambridge University Press, 1968), *New Society*, 12 (304), 132–133.

Woodward, J. (1969), "Review of Anne Crichton, personnel management in context" (London, B. T. Batsford, 1968), *Sociological Review*, 17, 133–135.

わが国では、ウッドワード女史の二〇年間の研究業績のうち、二冊の翻訳書が出されていることもあって、「サウス・エセックス研究」として知られる一九六五年の単著と「インペリアル・カレッジ研究」と知られる一九七〇年の編著を中心としてウッドワードの業績が語られることが多い。前者は、極めて明確なコンティンジェンシー命題（「技術は構造を規定する」）を大規模な組織比較研究とケース・スタディから提示しているのに対して、後者は技術尺度の中間領域（大バッジ・大量生産）では技術よりも、技術の不確実性を処理するコントロール・システムの性質が組織構造と行動を規定する要因として認識されている。しかし、クラインは、ウッドワードの研究のうちで『マネジメントと技術』（一九五八年）が内外の研究者にいかに大きなインパクト与えたかについて以下のように述べている。即ち、「英国科学技術庁は自分たちが資金提供した研究成果の要約版（short version）を出すよう要請していた。この科学技術庁が支援した研究の報告書のなかにはときにジャーナリストが書く場合もあったが、ジョアンは自分で書いた（Woodward, 1958）。この要約版の完成版はのちに出版され（Woodward, 1965）、科学的裏付けが補強されていた。しかし、社会にインパクトを与えたのは要約版の方だった。というのも、これはコンパクトで、日常の言語（normal language）で書かれていたからでもある。対照的に、一九七〇年に出版されたコントロール・システムに関する本は、ごたまぜ（a mishmash）とは言わないまでも、多様な著者による多様な論文のコレクションであった。中心的メッセージは探すのが困難ではないにしても欠けている。ジョアンは単に編者にすぎないのである（Woodward, 1970）。[18]」これはもちろん、彼女がすでにガンに侵され、入退院を繰り返していたことと無関連ではない。この点で、彼女の研究の最も重要な研究を「サウス・エセックス研究」に求めることができる。

第三節　サウス・エセックス研究と「技術は構造を規定する」命題

サウス・エセックス研究が開始された当時、英国は戦後復興もほぼ完了し、戦後経済体制の骨格が作られてきた時期にあった。その後、一九七〇年代の石油危機までの期間、英国経済は日独経済に比較すればその成長率は低かったものの、歴史的に見れば高い、安定した成長を実現した時期であった。[19]この間、保守党・労働党二大政党が交互に政権を担うことになったが、主要産業の国有化政策以外では両党とも政策理念に大きな相違はなく、いわゆる「ゆりかごから墓場まで」と言われた手厚い福祉国家政策と完全雇用政策では共通しており、実際に物価も雇用も安定し、労使関係も良好な時期でもあった。[20]

しかし、この戦後体制の出発において一九世紀から二〇世紀初頭にかけて、「パクス・ブリタニカ(Pax Britannica)」と呼ばれるまでの圧倒的存在感を誇っていた英国もその覇権は次第に米国に奪われていくのであり、そうした経済的・軍事的・政治的権力の弱体化のなかで、かつての「世界の工場」とまで言われた英国製造業の衰退を食い止め、その国際競争力をいかにして高めるかは大きな課題と認識されていた。同時にこうした製造業の「復権」のために、技術革新の積極的な導入と生産性向上、「ジェントルマン資本主義(gentlemanly capitalism)」の克服と「企業家精神」の育成、マネジメント能力の高度化は当時大きな課題であった。[21]

サウス・エセックス研究が開始された時期は戦後の混乱を脱し、英国経済が本格的な成長軌道に入ろうとした時期であった。当時、英国エセックス州〔現在は、バーキング・ダゲナム・ロンドン特別区(the London Borough of Barking and Dagenham)〕にあるサウス・イースト・エセックス工科大学に、ウッドワード女史をリーダーとする人間関係調査研究チームが一九五三年に設置されたのを契機に開始された。

この戦後体制の出発において、この研究は、マーシャル・プラン（Marshall Plan）と呼ばれた「欧州復興援助計画」の一部として拠出された、生産性向上運動[22]に対する「条件付き資金援助計画（Conditional Aid Scheme）」の研究資金を得て行われた研究であった[23]。この研究プロジェクトは一九五八年に報告書を科学技術研究庁から出版し、終了したものの、研究チーム自体は引き続き、これまでに行ってきた調査対象企業をさらに絞り込んでケース・スタディを行い、こうした一連の成果をウッドワード自身がまとめて、一九六五年に *Industrial Organization* という表題（副題は「理論と実践」）の下で刊行された。さらにその後、ウッドワードを中心として、インペリアル・カレッジで研究は継続され、詳細なケース・スタディが行われ、一九六二年から六七年までに行われた研究チームの研究成果はウッドワード編で同じ表題（副題は「行動とコントロール」）の下で一九七〇年に刊行された。

サウス・エセックス研究の重要な発見は、ウッドワード自身によって以下のようにまとめられている。即ち、「本調査が明らかにしているのは、研究対象となった企業の組織構造にかなり相違があるというだけではなく、同様の管理手段が非常に異なる成果をもたらしうるということであった。古典的管理理論（classical management theory）と知られているものを、その組織構造に暗黙のうちに取り入れている企業が必ずしも業績上もっとも成功している企業ではなかった。したがって、この理論は工業の組織に責任を有する人々にとって実務的手引き（a practical guide）として十分ではあるようには思えない[24]」ことであった。

こうしたサウス・エセックス研究の調査結果に関して、スーエルとフィリップスによれば、「業績上優れた製造企業が、当時の標準的な教科書が提示する処方箋には必ずしも従ってはおらず、むしろ企業特殊的状況の要求に対応していたという観察は、状況適合理論の基本仮説としての役割を通して人気を博するところとなった。[25]」こうした調査結果は、当時、「正統派」と見なされていた研究に異議を唱えるものであった。というのも、テイラー、ファヨール（H. Fayol）、さらにはフォレット（M. P. Follett）といった研究から生まれた古典的管理論はあらゆる状況に普遍的に妥当する原則（ワン・ベスト・ウェイ）を提示していたからであった。この点で、当時の英国のマネジメント教育を担ってきた研究者から大きな批判が寄せられるところとなった。ウッドワード自身「一九五八年に『マネジメントと技術』と題したパンフレットを出版して以来生じた論争は、こういうマネジメント研究者たちの世論に逆らったせいとしか解しようがない。……当時のマネジメント教育に携わった人々のすべてではないが、その多くには、こういう主張が挑戦（challenge）というよりも脅威（threat）と見なされた。英国マネジメント協会（the British Institute of Management）はマネジメント教育に携わる教育者に見解を求めたが、その多くの見解には『テイラー、ファヨール、フォレットといった、マネジメントのパイオニアの主張するマネジメントの原則を否定することは、工科大学やその他の高等教育機関でこれまで行ってきた、ないし行われていることを根底からぶち壊すものだ』という趣旨が底流に流れていた。[26]」

ウッドワードによれば、従来教えられてきた、マネジメントの原則を適用することによって、権

図表 1-1　ウッドワードの生産技術尺度

生産システム		企業数	技術類型
Ⅰ	顧客の求めに応じた単品生産	5	単品生産： 小バッチ・単品生産
Ⅱ	プロトタイプの生産	10	
Ⅲ	大きな設備の段階的生産	2	
Ⅳ	顧客の注文による小バッチ生産	7	
Ⅴ	大バッチ生産	14	大量生産： 大バッチ・大量生産
Ⅵ	組み立てラインによる大バッチ生産	11	
Ⅶ	大量生産	6	
Ⅷ	多目的プラントによる化学製品の断続的生産	13	装置生産： バッチ・連続的装置生産
Ⅸ	液体，ガス及び結晶体の連続的流れ生産	12	

注：調査対象100社のうち20社は，その技術が混合的である（12社）か，あるいは技術の変革期にあたるなどの特殊事情のため省かれている。

出所：Woodward, J., *Industrial Organization: Theory and Practice*, London, Oxford University Press, 1965, p. 49.（矢島鈞次・中村壽雄共訳『新しい企業組織』日本能率協会，1970年，47頁。）

限関係の三つの構成が見出される。即ち、①ライン組織、②職能別組織、そして③ラインアンドスタッフ組織がこれである。しかし、そのそれぞれの組織構造の提唱者からは経営者が自らの組織の成功をもっともよく保証してくれる組織をどのようにして選択すべきか、何ら助言を提供してくれることはなかった。またサウス・イースト・エセックス地域にある、調査対象とされた、従業員数一〇〇名以上の製造業一〇〇社のうち、いかなる関係も組織形態やその他の組織構造特性（管理階層数や統制範囲等）の間にはいかなる関係も見出されなかったし、これまで一般に健全な組織構造と見なされてきたものと企業業績[27]との間にもいかなる相互関係も見出されなかった。

しかし、ウッドワードの研究チームは生産システムの差異を九つに細部化して分類するとともに、具体的な分析にあたってはこれをまとめて三類型からなる技術尺度を作り上げた（図表1－1参照）。ウッドワード

図表 1-2　技術的複雑性と組織特性との関係

組織構造特性	技術と組織構造関係
管理階層数 最高経営者の統制範囲 管理者・監督者比率	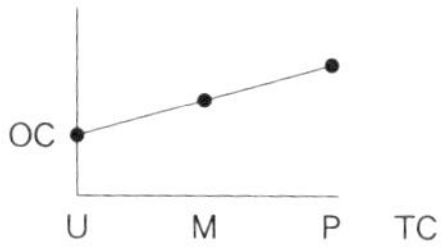
中間管理者の統制範囲 直接労働者対間接労働者 生産労働者対管理事務職員 労務費	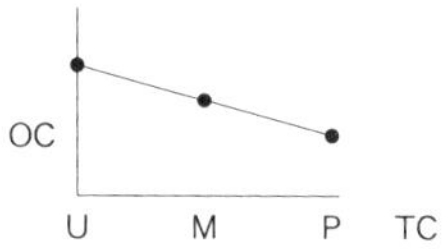
第一線監督者の統制範囲 文書によるコミュニケーション量 統制ならびに制裁手続きの利用 ライン機能とスタッフ機能との間の専門化 生産管理と実際の生産活動との分離	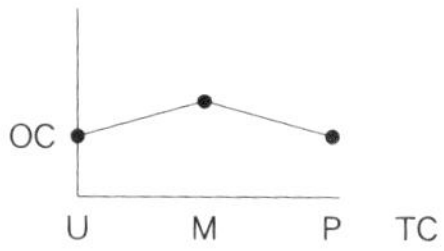
口頭によるコミュニケーション量 義務と責任に関する役割曖昧さ（ならびに組織的柔軟性の指標） 熟練労働者の数	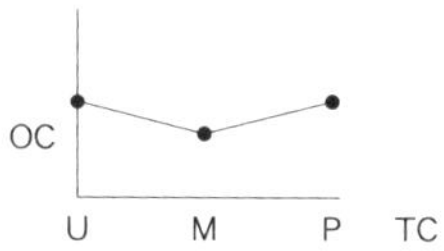

注：OC ＝組織構造特性，TC ＝技術的複雑性，U ＝単品生産システム，M ＝大量生産システム，P ＝装置生産システムであり，技術的複雑性との間の関係で提示される組織構造特性はいずれもその中位数である。

出所：Miles, R. H. ed., *Macro Organizational Behavior*, Santa Monica, CA, Goodyear, 1980, p. 58.

は、この生産システム分類が「単品・小バッチ生産」から「大バッチ・大量生産」を経て「連続的装置生産」へと、技術の歴史的発展と技術的複雑性（technical complexity）の高まる順序あるいは技術的進歩（technical advance）の方向を示しているものと解している。つまり、生産システムのⅠからⅨへと移行するにつれて生産技術は新しく、「生産用具の複雑性」は増大するが、逆に成果の予測ならびに生産プロセスに対するコントロールは容易になるのである。[28]

ウッドワードは、このように生産システムを類型化し、特徴づけたうえで、それぞれの生産システムが有する組織形態や組織構造特性における相違点と類似点を明らかにしようとしている。

この分析から、ウッドワードらの研究チームは生産システムと組織特性との間には二つの相関パターンが存在することを発見した。一つは正もしくは負の直線的・比例的関係を示す組織特性であり、他の一つは技術尺度の両端において類似性を示す、即ちU字型もしくは逆U字型の関係を示す組織特性がこれである[29]（図表1―2参照）。ウッドワードによれば、「類似した生産システムを有する企業は類似した組織構造を持つように思われた。もちろん同じ範疇に属する企業の一部の間にも差異が存在するが、各範疇内部に存在する差異は概して範疇間に存在する差異ほど大きくなかった。測定された様々な組織特性に関する数値は、中位数、しかも範疇ごとに変化する中位数の周りに集まる傾向があった。[30]」

このような企業の技術特性と組織特性との間に一定の関係が存在することを明らかにした後で、さらにウッドワードはこれらの関係と組織業績との間の関係を検討する。こうした検討から彼女が明らかにした点は、生産システム内に見られる構造上の差異が企業の業績と結び付いていることであった。即ち、三つの生産システムのいずれの類型においてもそこに属する企業のうちで業績が「平均より上」の企業は共通の組織特性を持っていることが見出された。業績の良い企業はいずれもその組織特性において、その企業が属する生産システムの中位数に近い値を示したのである。これに対して、業績の悪い企業の組織特性上の数値はその中位数から乖離していた。[31]

ウッドワードの研究は、こうして技術変数と組織構造と成果変数との三者間の関係を実証的に究明した最初の研究であった。ウッドワードは「技術が構造を規定する」ことを明らかにしただけではなく、技術と構造との「適合」関係が企業全体の業績を規定することを明らかにしたのである。彼女によれば、この調査研究の結果、「各技術状況にとってもっとも適切な一つの特定の組織形態が存在することが明らかになった[32]」のである。バーンズ（T. Burns）の用語を用いれば、「大量」生産システムにおいては「機械的管理システム（mechanistic management system）」、つまり厳格な官僚制的構造が企業業績との関係では有効であり、「単品」ならびに「装置」生産システムにおいては「有機的管理システム（organic management system）」、つまり相対的に非官僚的（non-bureaucratic）な組織構造が有効・適切であるというのである。[33] こうした極めてシンプルで、「証拠」に基づく「発見」は大きな反響を呼び、ウッドワードの研究は一躍注目されるところとなった。

この「発見」は、当時、英国のマネジメント教育において中心を占めていた古典的管理論の有効性があらゆる状況に普遍的に妥当するものではなく、一部の生産技術範疇内にその有効性は止まることを明らかにしただけではなく、それ以降展開されてきた人間関係論等の、より新しい行動科学的管理論もその有効性は、ある技術範疇内での有効性に止まることを実証的に明らかにしたのであった。この点でウッドワードの研究は理論の具体的適用のレベルに焦点を当てて、企業業績上どのような組織が適切なのかを事実に基づいて提示し、「理論と実践とのギャップを埋める」ことを意図しているのである。

ウッドワード自身この「サウス・エセックス研究」の実践上の含意を以下のように述べている。「技術、組織、業績との間に、ある一定の関係が存在することが証明されたことは産業の経営者にとって実践的意義を持っている。なぜなら、そのことは組織構造の評価に役立つ技法の開発に導くばかりか、それによって技術変更と同時に組織改革の実施を可能ならしめるからである。つまり、産業の経営者は技術の変更が及ぼす影響を知らずとも組織構造変革を行うことができるのである。[34]」このように、サウス・エセックス研究は当時の英国にあって国際競争力強化のために、激しい技術革新が進行する中で企業業績を高める組織のあり方をめぐって「方向喪失の状態」に陥っていた経営者に対して有益な助言・指針を提示しようとするものであったのである。

こうした技術と組織構造との関係はその後、米国のペローや英国のアストン大学の研究者集団(「アストン学派(the Aston School)」)によってさらに精緻化されて展開されることになった。特にアストン学派の中心的研究者であった、ピューとヒクソンは、英国のミッド・ランズ(Mid-Lands)地域の製造業企業三一社を対象とした実証研究に基づいて、「生産技術は仕事の組織(organization of work)に直接関連した構造変数に影響を及ぼしうるだけだとする、ペローの命題を確認している……『技術による強制(technological imperatives)』が階層の程度や統制範囲といったものに特徴的なパターンをもたらすことを示唆する証拠はほとんどなく、……彼女によってサウス・イースト・エセックス地域において観察されたような、組織構造とその技術との間にある諸関係のいずれも彼らの研究では再現されなかった」が、彼らは「彼女の中核命題を拒否するまでには至らなかった。むしろ、それを不可避的な制限付きの重要な貢献として提示することを選んだ。」[35]

ウッドワード自身は一九六〇年代半ば以降、技術尺度の中間領域において技術が技術尺度の両極におけるほど組織構造特性を規定する要因にならない（つまり組織構造のばらつきが大きい）ことに関心を向けて、インペリアル・カレッジでの研究において技術と組織構造との間にコントロール・システムという媒介変数を置く、さらにはこれらに影響を及ぼす環境不確実性問題として新しい視点を提示しているが、これらはいずれも米国の状況適合理論研究者との知的交流の影響を受けて生まれたものと考えられる。しかし、こうした研究は「サウス・エセックス研究」の成果ほどの大きなインパクトを持たなかった。

しかし、一九六〇年代・七〇年代の状況適合理論の隆盛とともに、この理論に対して以下のような批判が行われるようになっていった。[36] 即ち、

㈠　アド・ホックな統計的・帰納的研究であって、理論的枠組みを持たない。

㈡　静態的・横断的組織比較分析では、技術や環境の状況変化と組織変革との間に存在するタイムラグが捉えられず、さらには組織変革にあたって重要な権力ないし政治的過程ないし組織的意思決定過程が無視され、組織変革の動態的現象を説明しえない。

㈢　企業自体の「戦略的選択」による「環境操作」ないし「環境創造」の側面が無視されている。

㈣　状況と構造との間に統計上見られる「経験的規則性」にすぎないものを直ちに「因果的法則

性」と解することによる「状況決定論」である。

(五) 特定の状況は特定の構造を「必然的に」要求するという印象を与えることによって、「既存の諸関係の固定化」ないし「現状の正当化」に利用されうる。

以上の点は、状況適合理論の展開の中からこれに寄せられてきた批判であったけれども、同時にこれはウッドワードの研究に対しても妥当するように思われる。そしてこうした批判の高まりとともに状況適合理論への関心はしだいに低下するところとなっていった。

第四節　タヴィストック学派の社会―技術システム論と「組織選択」の可能性

ウッドワードが「サウス・エセックス研究」に取り組んでいた一九五〇年代の英国においてその後、七〇年代の「産業民主主義（industrial democracy）」論議、なかでも「労働生活の質的改善（QWL）」における「新しい作業組織」で世界的注目を集めるところとなった「自律的作業集団」が「発見」されたことでも知られている。

これはロンドンにあるタヴィストック人間関係研究所に結集したトリストやエメリーといった研究者たちが、一九五〇年代に炭鉱・紡績産業における技術革新が作業現場に及ぼす影響をめぐって行ってきた一連のアクション・リサーチ（action research）から生まれた。[37]

トリストらは、炭鉱現場の調査を通して、炭鉱現場での技術革新とともに導入された、大量生産の「分業と専門化」論理に基づく作業組織が地下での採炭職場のような環境不確実性の高い課業環境下では有効性を待たず、また伝統的な社会的関係を破壊した結果、最適以下のパフォーマンスしかもたらしていないことを明らかにするとともに、同一技術の下でも労働者の社会的・心理学的ニーズをより満たす「組織選択」の可能性を提示した[38]。

地下での採炭現場における機械化導入以前は「手掘りシステム」と呼ばれた作業組織が一般的であった。ここでの特徴的な作業組織は、(一)採炭→運搬→天盤支持という採炭サイクル全体に責任を持つ、その意味で「全体的課業」を割り当てられた小集団、(二)集団メンバーは「職業の誇りと職人の自立性」を有する万能労働者、(三)メンバーの選抜と作業活動のコントロールに関する「自律性(autonomy)」、(四)請負作業方式による集団出来高給制度を特徴としていた。

しかし、地下炭鉱における機械化の進展は「長壁法」と呼ばれる新たな採炭システムの採用に導くところとなった。この「長壁法」は「手掘りシステム」よりもはるかに長い採炭切羽での作業を可能にするものであり、その作業は四〇人から五〇人と、かなり多くの労働者を必要としていた。同時にその作業は三シフトにわたり、二四時間ごとに一回完了し、平均的切羽での四〇人の坑夫は第一シフト(一〇人)—採掘、第二シフト(一〇人)—運搬、第三シフト(二〇人)—天盤支持とコンベア移動に配置され、各坑夫は断片化された単純な作業役割を与えられた。また各坑夫の賃金もこの作業役割に応じて五つの差別的賃率が適用された。この作業組織は「地下炭鉱とは根本的に異なる、工場という状況に適切な工学文化から、何ら修正を加えることなしに借り受けられた、複雑で厳格な、大規模作業組織であった。[39]」

しかし、この作業組織は最適以下のパフォーマンスしかもたらさなかった。この「長壁法」の下では採炭サイクル全体にわたって、各シフト間でも高度の相互依存性が存在していた。例えば、もし第一シフトが十分な量の石炭を採掘しなければ、第二シフトは十分な量の石炭を搬送することができないであろうし、また第二シフトが切羽での石炭を搬送し終わらなければ、第三シフトは新しい位置にコンベアを移動させることができないのである。このように、課業間、シフト間で活動の高度の調整が必要とされているにもかかわらず、これらの調整責任はすべて監督者に委ねられ、集団メンバー自身は何ら自分たちの活動をコントロールすることができなかった。しかし、地下の暗闇での作業、炭層の地質条件の急激な変化という地下炭鉱採炭現場という状況では、以上のような自己規制力の乏しい作業組織は有効ではなかった。また職務の断片化とそれに伴う差別的賃率の存在は、労働者間の技能や地位における差別化、集団・個人間のコンフリクトを増大させ、社会的な絆や一体化を弱め、その結果、低い生産性規範を生み出す非公式集団の成立、高水準のアブセンティズムといったさまざまな「心理的防衛機構」を顕在化させることになった。

しかし、トリストらはダーラム炭鉱において、類似の炭層条件、同一の技術水準（「長壁法」という採炭システム）の下で二つの異なる作業組織形態が併存していることを発見した。即ち、「在来的長壁システム」と「混成的長壁システム」と呼ばれる作業組織形態がこれである。「在来的長壁システム」が、前述した大量生産の支配的論理、「計画と執行の分離」、「高度の分業と専門化」、「一人・一職務」(one man-one job) という原則に基づいて編成された作業組織形態であるのに対して、「混成的長壁システム」は伝統的な「手掘りシステム」の特質を受け継ぎ、これをより高度な機械化水準に適合させた「自己規制的作業集団」であった。ここでは、㈠課業の継続性(前のシフトでやり残した作業から仕事をはじめ、自分たちの仕事が終わったら、次のシフトの仕事も自発的に行う)、㈡採炭作業に関する「多能的熟練形成」、㈢集団全員合意の下での課業・シフト配置、成員の「自主選抜」、そして㈣集団出来高給制度を主要な特徴としていた。[40]

この「混成的長壁システム」は、作業組織内の内的柔軟性(メンバーの多能的熟練形成を基礎とする柔軟な課業割当・「異常」への対応能力)を通して不確実性の高い課業環境の下で生じる変化に柔軟に適応しうる能力を備えていると同時に、労働者自身の負担や緊張に対して常に他のメンバーから支援が得られるという、メンバー間の相互支持的関係を通して労働者の社会的・心理学的欲求をも満たしている。事実、トリストらの実証的研究は、「在来的システム」と「混成的システム」との比較では、生産性と労働者の(欠勤率・疾病などに表れる)心理的ストレスの点から後者の前者に対する優位性を明らかにしていた。

この英国地下炭鉱で発見された「混成的システム」と呼ばれる「新しい作業組織」は、ライス(A. K. Rice)によってインドの紡績工場での再組織実験でも変革モデルとされ、生産性の増大、コスト削減、モラールの改善で大きな成果をあげたことが報告されている。[41] しかし、この学派が依拠する、個々のケースのアクション・リサーチという研究アプローチでは、環境の不確実性の程度によってどのような作業組織形態が有効なのかが提示されることはなかった。その点で状況適合理論の重要な方法論的特徴である比較組織分析や「中範囲」理論の構築という視点はこの学派にはなかったのである。

こうした研究成果を踏まえながら、エメリーらは、企業は、「オープン・システム」としてその環境との交互作用において存続しうるのであり、環境の変化に絶えず適応しなければ存続できないと主張すると同時に、環境変化への適応においてシステムを「定常状態」に維持していくために技術システムが果たす機能にも注目し、企業を「オープンな社会―技術システム」として捉える、新しい企業観を提示することになった。さらに技術的システムは「内部化された環境」として社会システムに作業組織内の課業と課業関係のあり方に大きな影響力を行使するが、この技術的システムと社会的システムとの間には一対一の関係はない（「技術決定論」の否定）のであって、生産技術が要請する一定の要件を満たしながら、社会的システムそれ自体が持つ要求、即ちメンバーの社会的・心理学的欲求を充足させる「組織選択」の可能性、技術的要求と作業現場の労働者の社会的・心理学的要求との合成最適化(42)（joint optimization）の必要性が提起されることになった。この合成最適化を実現する上で、環境複雑性と不確実性の高い環境条件の下で作業集団の自己規制機能を実現する「責任ある自律性（responsible autonomy）」を作業組織（集団）に付与することの重要性が提起され、これは一九六〇年代から七〇年代にかけてノルウェーやスウェーデンの産業民主主義の議論や「労働疎外」

の克服を目指す「新しい作業組織形態」の理論的基盤を提供するところとなった。

第五節　技術決定論と組織選択論

以上のように、ウッドワードの研究もタヴィストック学派もいずれも企業を社会—技術システムとして捉え、生産技術ないし技術革新が組織に及ぼす影響を重視しながらも、ウッドワードが「技術が組織構造を決定する唯一の重要な変数である」という「技術決定論」を主張する一方で、タヴィストック学派の社会—技術システム論は「組織選択」の可能性を主張している点で両者は際立った差異を有している。また両者の研究とも「経験的調査」を基盤にしながらも、ウッドワードの研究アプローチが組織の比較研究から「事実」を明らかにしようとすることを重視するのに対して、タヴィストック学派の研究アプローチがアクション・リサーチという企業の抱える問題に研究者が直接係わり、この問題を研究者が企業と協同して解決する過程で科学的知見を生み出そうとする手法でも大きな違いがある。同時にウッドワードの主たる関心がマクロの組織構造であるのに対して、タヴィストック学派が取り組んだのは作業集団にあるという点でも際立った差異が確認できる。

しかし、ウッドワードが大きな批判にさらされるところとなったのはその「技術による強制」命題、即ち、技術決定論（technological determinism）という批判であった。[43] 特に経営者の戦略的選択の可能性や政治的過程が無視されていた点で大きな限界を有することが明らかにされたのである。一方タヴィストック学派の社会―技術システム論は生産技術が課す制約条件の下で一定の「組織選択」の可能性を示唆し、労働者の社会的・心理学的欲求をも充足させうる作業組織のあり方が提示されている点で大きな違いがあると考えられている。

タヴィストック学派の研究者たちが、この「組織選択」の可能性という認識に到達したのは同一生産技術の下での異なる二つの社会的システム、即ち「在来的システム」と「混成的システム」が併存しているという事実の「発見」にあった。しかし、エメリーらによれば「どちらの作業組織が選択されるのかはどうでも良い問題ではない。……技術的システムはその社会的システムにある要求を課し、生産システム全体の有効性は社会的システムがこうした技術的要求に対処しうるか否かにかかっている。代替的な社会的システムはそれらが十分良い（good enough）として受け入れられているが故に存続可能であろうが、このことはそれらの社会的システムが有効性において相違している可能性を排除するものではない。この場合、混成的システムが一貫して生産コストの観点から在来的システムに対する優位性を示した。[44]」つまり、特定の生産技術の下で異なる組織形態の存立可能性は認められるにしても、ここに成果変数を導入すると、特定の組織がより高い合理性を示していることを確認しているのである。ウッドワードも同一生産システムの下でさまざまな組織構造を確認しているが、この技術―構造関係に企業業績という成果変数を導入することによって技術と組織構造との「適合」関係を見出したのである。

ケリー（J. E. Kelly）によれば、「いかなる社会―技術システム論の研究においても、いくつかの作業組織が所与の技術に対して経済的・心理学的に等しく有効であることを示唆する研究は存在しない。彼らの研究上の発見は、有効性のヒエラルキーを指摘しており、そのトップに製品・工程不確実性を伴う技術にとって最も有効な組織形態として自律的・混成的集団をあげているのである。[45]」この点で、タヴィストック学派の社会―技術システム論の提起する「新しい作業組織」は生産工程から生じる不確実性・複雑性をその発生する現場で処理する必要性を提起したのであり、さらに作業集団への自己規制機能の付与によってテイラーなど古典的管理論・組織論の主張する管理機能(「頭の労働」)と作業機能(「手の労働」)との分離、「分業と専門化」を克服し、労働者の自己実現欲求をも満たすことによってモラールを改善し、その結果、生産性向上を実現することが目指されている。

この点ではウッドワードの技術尺度の両端で確認された有機的組織の特徴と類似しているものと考えられる。さらに、ウッドワードの研究においても「大量・大バッチ生産システム」において技術尺度の両端の生産技術ほどに明確な組織構造決定要因は認められていなかった。そのため、「サウス・エセックス研究」後の継続研究では掘り下げた事例分析による組織比較分析に基づいてこの問題が取り組まれることになった。この点についてウッドワードは以下のように述べている。即ち、「技術尺度の両端では仕事の物理的流れが組織上の選択を制限し、その結果、液化装置による連続的生産と請負生産の範疇にはいる各企業は、組織に関する限り、同質的になる傾向があった。しかしながら、この両極の間、つまり、バッチ生産の領域では、仕事の物理的流れもさほど厳格な制限を課していなかったので、その結果、技術は組織を決定しうるほどの規定要因にはならなかった。生産管理（production administration）と執行作業（production operation）との分離、生産プロセスの合理化、生産の物理的制約を吸収しようとする試みは一定のコントロール・システムを生み出すが、これは、一部は物理的な仕事の流れに依存し、また一部はトップ・マネジメントの方針にも依存している。それゆえ、バッチ生産の領域では、組織は技術の関数ではなく、コントロール・システムの関数であり、これは技術にも依存しているし、社会的・経済的要因にも依存しているのである。[46]」この点では、ウッドワード自身が一定の組織選択の可能性を認めているのではないかと思われる。但し、ウッドワードの研究で採用された成果変数は収益性や株価といった経済的パフォーマンスに関わるものであったのに対して、タヴィストック学派では労働者の満足・ストレスといった指標も生産性指標と並んで重視されており、このことは「組織選択」においても大きな違いをもたらすものと考えられるし、後者がもっぱら作業集団内の仕事のあり方が問題にされたのに対して、サウス・エセックス研究では管理のための組織構造ないし行動が問題となっていた点でも大きな違いがあることが見逃されえない。

しかし、このインペリアル・カレッジでの議論は、「サウス・エセックス研究」ほどの論理の明晰さを持っていなかったし、大きな注目と関心を集めることもなかった。むしろ、当初の「技術が組織を規定する」という命題が極めてシンプルで分かりやすかったため、これがウッドワードの研究を象徴するメッセージになったのである。

ウッドワードの研究は、組織研究において技術と組織構造の関係を最初に「証拠」に基づいて提起した研究として大きな意義を認めることのできる研究であったが、その後、スーエルとフィリップスによれば、「一九八〇年代に入ると……ジョアンの研究は組織研究の主流から外れるようになっていった。主としてこれは流行の変化（changing Fashion）として説明されうるであろう。一九七〇年代はマクロの組織構造の決定因子といったマクロ・レベルの特徴に関わる理論的アプローチが最盛期を迎えていたが……組織認識論への転換は、リーダーシップや企業家的活動といったものへの関心の高まりとともに、組織社会学における解釈学的アプローチや方法論的個人主義を強調する方向への転換が指摘されうる。[47]」しかし、一九九〇年代以降、技術と組織に関心を持つ新世代の研究者、特にオリコウスキー（W. J. Olikowski）やバーレー（S. R. Barley）といった研究者がウッドワードの「技術による強制」命題を批判しつつ、ギデンス（A. Giddens）の構造化（sturcturation）理論に基づいて構造とエージェンシー問題に取り組む動きが技術学派の最新動向として注目されている。[48]

（風間　信隆）

注

（1）Wren, D. A. and Sasaki Tsuneo (ed.), *Contingency Theory of Organisation, Volume 1, Intellectual Legacy of Management Theory*, Series 7, London, Pickering & Chatto, 2007, p. xi.　なお、「オープンな合理的モデル」については、岸田民樹編『現代経営組織論』有斐閣ブックス、二〇〇五年、序章も参照せよ。

（2）*Ibid.*, p. xi-xii. Wren & Sasaki の共同編集になる同シリーズ7の組織の状況適合理論では以下の著作が収録されている。即ち、①ウッドワードの第一巻以外の巻は以下の通りである。②Burns, T. and G. M. Stalke, *The*

Management of Innovation, 1961 (Vol. 2), ③ Lawrence, P. R. and J. W. Lorsch, *Organization and Environment: Managing*, 1967 (Vol. 3).（吉田　博訳『組織の条件適応理論』産業能率大学出版部、一九七七年。）, ④ Pugh, D. and D. Hickson, *Organizational Structure in its Context: The Aston Programme 1*, 1976 (Vol. 4), ⑤ Selsnick, P., *TVA and the Grass Roots: A Study in the Sociology of Formal Organization*, 1949 (Vol. 5), ⑥ Rumelt, R. P., *Strategy, Structure, and Economic Performance*, 1974 (Vol. 6) がこれである。

（3）現在はUniversity of East London に統合・再編されている。Sewell, G. and N. Phillips, "Introduction: Joan Woodward and the study of organizations," in N. Phillips, G. Sewell and D. Griffiths (eds.), *Technology and organization: Essays in Honour of Joan Woodward*, UK, Emerald, 2010, p. 6.

（4）*Ibid.*, p. 4.

（5）*Ibid.*, p. 5.

（6）Perrow, C., "From Medieval History to smashing the medieval account of organizations," in Phillips, Sewell and Griffiths (eds.), *op. cit.*, p. 25. 戦争中はランカシャーにあるリノ紡績会社でマネージャーとして勤務し、またブリッジ・ウォーターの労使関係のマネージャーとして実務経験を積んでいる。一九四六年には国防省での実務経験も積むところとなった。（矢島鈞次稿「解説」ジョン・ウッドワード著、矢島鈞次・中村壽雄共訳『新しい企業組織』日本能率協会、一九七〇年、三〇一―三二一頁に詳しい。なお、翻訳書ではJoanは「ジョン」と呼ばれているが、女性の呼び方としては「ジョアン」の方が適切と考え、本章では「ジョアン」という表記を使用するものとする。）

（7）Sewell and Phillips, *op. cit.*, p. 4.

（8）Hinings, "The Contribution of Joan Woodward," in Phillips, Swell and Griffiths (eds.), *op. cit.*, p. 41.

（9）Griffiths, D., "Joan Woodward: a personal memory," in Phillips, Sewell and Griffiths (eds.), *op. cit.*, p. 24. この間、彼女はオックスフォード大学社会管理研究機構（Delegacy for social Administration）で非常勤の講師を務めている。オックスフォード大学では新しい研究活動領域と出現しつつある学問領域が、大学内のより保守的な人たちによって広く受け入れるまでは半独立的に運営される研究機構方式が採用されていたと言われている。cf.

Sewell and Phillips, *op. cit.*, p. 5.

（10） Sewell and Phillips, *op. cit.*, pp. 4-5.

（11） Griffiths, *op. cit.*, p. 24.

（12） 矢島鈞次「解説」、前掲訳書、三二頁。

（13） Perrow, *op. cit.*, p. 27.

（14） Klein, J., "Working with Joan Woodward," in Phillips, Sewell and Griffiths (eds.), *op. cit.*, p. 39. 彼女の夫であったレスリー・ブレークマン（L. Blakeman）は英国ダグナム（Dagenham）にあったフォード社の労使関係担当役員（Industrial Relations Director）であり、彼女がいかに家庭を大切にしていたかをクラインはその思い出の中で語っている。*Ibid.*, p. 37. 亡くなる数カ月前には彼女は米国ニューヨークでペローと昼食をともにし、彼女自身から余命僅かと告白され、ペローは人目を憚らず涙したこと、その際、インペリアル・カレッジの産業社会学教授の後任を打診されたことをペローは述べている。Cf. Perrow, *op. cit.*, p. 28.

（15） Cf. Section 2, personal reflections on Joan Woodward, in Phillips, Sewell and Griffiths (eds.), *op. cit.*, pp. 21-45.

（16） Joan Woodward Memorial Lectures については以下のホームページを参照（最終アクセス日：二〇一二年二月二五日）。http://www3.imperial.ac.uk/business-school/research/joanwoodwardmemoriallectures

（17） Sewell and Phillips, *op. cit.*, pp. 19-20.

（18） Klein, *op. cit.*, p. 38.

（19） 鬼塚豊吉「イギリス」馬場宏二編『ヨーロッパ』（シリーズ世界経済Ⅲ）お茶の水書房、一九八八年、四九頁。

（20） この戦後体制は一九七〇年代の二度に及ぶ石油危機により、大きく動揺し、サッチャー政権による「サプライサイド」の経済政策によって大きく転換されることになった。注19の第三節に詳しい。

（21） 「ジェントルマン資本主義」については安部悦生ほか著『イギリス企業経営の歴史的展開』勁草書房、一九九七年、第一章「イギリス企業の戦略と組織」に詳しい。

（22） 戦後の英国における生産性向上運動について以下のホームページを参照した（最終アクセス日：二〇一二年三月九日）。URL: http://www.jpc-net.jp/movement/movement.html

(23) 当時、科学技術研究庁と医学研究審議会（the medical research council）が産業の生産性向上を図るために、産業安全、産業能率そして人間関係という三つの分野を重点分野として分野ごとに合同委員会を組織し、研究資金を配分していた。ウッドワードの率いた研究チームは科学技術研究庁内に設置された人間関係委員会の監督下に置かれていた。Cf. ibid.

(24) Woodward, J., *Industrial Organization: Theory and Practice*, London, Oxford University Press, 1965, p. vi.（矢島鈞次・中村壽雄共訳『新しい企業組織』日本能率協会、一九七〇年、三八頁。）但し、本章では必ずしも訳書の訳には従っていない。

(25) Sewell and Phillips, *op. cit.*, p. 6.

(26) Woodward, *op. cit.*, p. 255.（前掲訳書、二九四頁。）

(27) この場合、企業の「業績」は、①市場占有率とその変化、②収益性、③株価の動向、④企業の一般的名声などのデータから総合的に評価されて、「平均」・「平均以下」・「平均以上」の三つに分類されている。詳しくはWoodward, *op. cit.*, pp. 24-26.（前掲訳書、一七一一九頁。）

(28) *Ibid.*, pp. 40-41.（前掲訳書、四八―五〇頁。）

(29) *Ibid.*, pp. 60-67.（前掲訳書、七二―八一頁。）

(30) *Ibid.*, p. 50.（前掲訳書、六一頁。）

(31) *Ibid.*, p. 69.（前掲訳書、八四―八六頁。）

(32) *Ibid.*, p. 72.（前掲訳書、八七頁。）

(33) こうした管理システムの区別について、ウッドワードは以下の文献を参照している。Burns, T., *Management in the Electronics Industry: A Study of Eight English Companies*, Social Science Research Centre, University of Edinburgh, 1958.

(34) Woodward, *op. cit.*, p. 72.（前掲訳書、八七―八八頁。）

(35) Sewell and Phillips, *op. cit.*, p. 11. アストン研究については榊原清則稿「アストン研究の批判的検討」『商学研究』（一橋大学研究年報）二一巻、一九七九年、五一―八四頁に詳しい。しかし、ここではスーウェルとフィリップスの評価に従っている。

（36） 風間信隆「社会・技術システム論」村田　稔編著『経営社会学』日本評論社、一九八五年、一二二頁。わが国で早くから、この状況適合理論の研究動向に注目され、特にウッドワードの研究を「保守的組織論」として鋭く批判したのは、占部都美氏であった。占部都美『現代経営組織論』白桃書房、一九七一年。

（37） このタヴィストック人間関係研究所の一連の研究については、風間信隆、前掲稿、九二―九六頁を参照せよ。同研究所は、フォン・ベルタランフィーの一般システム論、特にそのオープン・システム概念を社会科学において初めて本格的に導入し、組織研究に新たな視点を切り拓いたことで知られている。さらに同研究所が関わった研究プロジェクトとして、「グレーシャー計画」が知られている。同計画についてはBrown, W. and E. Jaques, *Glacier Project Papers*, London, Heibnemann, 1965.（北野利信訳『グレーシャー計画』評論社、一九六九年）に詳しい。

（38） Trist, E. L., *Organizational Choice*, London, Tavistock Publications, 1963.

（39） Trist, E. L. and K. W. Bamforth, "Some Social and Psychological Consequences of the Longwall Method of Coal-getting," *Human Realtions*, vol. 4, no. 1, 1951, p. 23.

（40） Trist, *op. cit.*, pp. 77–79.

（41） Rice, A. K., *Productivity and Social Organization: The Ahmedabad Experiment*, London, Tavistock Publications, 1958.

（42） この「合成最適化」とは、技術的システムと社会的システムという各次元の最適化ではなく、これらが結合したシステム全体の最適化という意味で使用されている。

（43） Sewell and Phillips, *op. cit.*, pp. 10–15.

（44） Emery, F. E. and E. L. Trist, "Socio-technical Systems," in F. E. Emery (ed.), *Systems Thinking*, Harmondsworth, Penguin Books, 1969, p. 286.

（45） Kelly, J. E., "A Reappraisal of Socio-technical Systems Theory," *Human Relations*, vol. 31, no. 18, 1978, p. 1095.

（46） Woodward, *op. cit.*, pp. 195–196.（前掲訳書、二二一―二二二頁。）

（47） Sewell and Phillips, *op. cit.*, p. 12.

（48） *Ibid.*, pp. 12-13. こうした一連の研究については、*ibid.*, p. 18で紹介されている。また近年の技術と組織をめぐる研究については、同書の第三部と第四部に詳しい。

第二章　技術と組織の関係性
――主要著作『新しい企業組織』の概要と評価――

本節では、一九六五年にウッドワードによって記された *Industrial Organization: Theory and Practice*, London, Oxford University Press（矢島鈞次・中村壽雄共訳『新しい企業組織』日本能率協会、一九七〇年）の全体像を紹介する。本書は、三つの部分に分かれており、第一部では調査の概要とその背景となる既存研究の成果や概念の説明がなされ、第二部のケース・スタディでは、企業を絞って、各部門の特性など企業組織についてさらに詳細に分析した内容を明らかにしている。第三部の追跡調査においては、調査対象を組織の改革を行った企業にさらに絞り、その改革の影響をつぶさに記述している。以下、それぞれの部ごとに概要を紹介するが、特に、ウッドワードの業績として後世で注目されている部分に関しては、図表なども紹介しつつ、詳説する。

第一節　調査（主著第一部）

ウッドワードらの研究は一九六五年にサウス・イースト・エセックス工科大学で人間関係調査研究班の設立から始まった。彼らは従来の社会学者によって行われた研究から生じた方法論上の限界に気づき、それを乗り越えようとして研究問題を規定した。予備調査から分かった企業間の幅広い相違から、研究プロジェクトは二つの段階で行うことにした。まずは全領域における広範な調査を行うことに全力投球し、それから各々の企業についてより詳細な研究を行うことにしたのである。主著の第一章では調査の背景、調査目的および調査内容を概観している。

研究対象となった企業は製造業のみである。ただし、労働省の季刊誌『ガゼット』に公表されている統計の「全製造業」のうち、運送業、公共企業はもとより、鉱礦業、建築請負業、クリーニング業などを省き、合計一一〇社を対象にした。企業群は全従業員の規模別で二一人から約四万人にまで分かれたが、規模別分布を図表2－1にあげている。

調査は、一九五四年九月から一九五五年九月まで実施し、内容は公式な組織とその業務上の手続き(operating procedures)だけに限定せざるを得なかった。ウッドワードは公式な組織について下記のように定義している。即ち、「持続性のある明確な一定の型を持った企業内諸関係であって、それには各職務が一定限度の権限、責任、責務を持ち、雇用されている人々が協働して各自の目的を達成

図表 2-1　サウス・エセックスにおける製造関係企業の規模別分布

従業員規模	企業数	企業総数に占める割合（%）	各段階の総従業員数（人）	総労働力に占める割合（%）
100人以下	93	46	3,255	3
100～250人	48	24	8,321	7
251～500人	25	12	8,852	8
501～1,000人	18	9	13,559	11
1,001～2,000人	8	4	11,991	10
2,001～4,000人	7	3	17,513	14
4,001～8,000人	2	1	10,383	9
8,000人以上	2	1	45,526	38
合計	203	100	119,400	100

出所：Woodward, J., *Industrial Organization: Theory and Practice*, London, Oxford University Press, 1965, p. 8.（矢島鈞次・中村壽雄共訳『新しい企業組織』日本能率協会，1970 年，10 頁。）

できるように、全体として、十分に配慮して作成された職務体系についての規定を含むものである」。公式な組織から非公式な組織に移行したケースに関しては、第二段階の調査とした。

各企業から得る情報は次のような項目に限定した。

（一）歴史とその背景、および企業目的
（二）製造工程や製造方法の種類
（三）企業の組織と管理する形態や慣行
（四）企業の業績評価に利用できる事実や数値

研究員たちは最終的に、対象企業がどのように組織化され運営されているかだけでなく、どのような組織形態が経営管理の効率化や営業成績と結びついているかを明らかにするようにした。また、各企業の所属産業内のポジションも考慮した。つまり、その企業の生産量が産業全体の何パーセントを占めるか、新市場を獲得するのに成功したかに着目した。さらに、五年間にわたる年報や財務諸表を検討して、利潤や拡張計画に投下した資本額を調べた。

ただし、研究員たちは、対象となった企業がイギリス企業の代表的存在とは言いがたいので、報告書にあげた事実や数値に基づいてイギリスの企業全体に関する一般化はできないと考えていた。つまり、サウス・エセックスとイギリス全土の他地域では、産業に携わる各企業の規模や性質、さらに歴史的発展の面で多くの重要な相違があるからである。

第二章では、調査で収集した情報を集積し分析した。研究員たちは、古典派の組織であるライン組織、ファンクショナル組織、ライン・スタッフ組織を概観し、調査対象となる企業一〇〇社を古典的組織論に基づいて組織されたかどうかを分析した。

ライン組織では、権限が最高実行責任者から各種の直属部下へ、さらに、この人々から一般労働者へと直線的に下りていく。ライン組織の純粋な型は、皆が同じ仕事をするか、管理および指令面だけで違いがある場合にしか見られない。しかしながら、ライン組織の変形である「部門別ライン組織」(departmental organization)もある。これは、従業員を簡単な作業別にグループ化し、その活動を最高責任者らが調整するものである。ところで、製造業の組織化に伴う基礎活動には四種類の活動、つまり、企業全体の資金調達、製品開発、生産そのもの、およびマーケティングがあるが、専門化した型で最も簡単なものは最高責任者がこういう活動に対する一つ以上の責任を、別々な人や部門に委譲する形である。

ファンクショナル組織は、一九一一年テイラーが初めて提示した概念であり、技能を持った人々に専門領域でもっと活躍してもらう方法である。職能組織の考え、つまり、組織を分割する大筋は、なすべき仕事の体系的な分析によって決めるべきだという考えに基づいていた。現場では、作業員が一監督者の命令に従うのではなく、各方面の特定職能に責任を持つ一群の専門監督者たちから命令を受けることになる。この組織形態が普及しなかった理由は、同時に二人以上の監督者に従って仕事することが混乱を招き、管理しにくいからである。

ライン・スタッフ組織はライン組織とファンクショナル組織の折衷として発展したものである。これは、ライン型の特徴である権限の階層組織を崩さないで専門的な技能を活用する一つの手段であるが、職能的な監督者ではなく、ライン上の監督者を通じてのみ働きかける職能化されたスタッフしか認めないという特徴である。

研究対象となった企業はライン組織を主流としたのが三五社、ファンクショナル組織が二社、ライン・スタッフ組織を採用しているのが五九社、その他は四社であった。組織管理体制は「機械的な体制」と「有機的な体制」の二つに分類できる。「機械的な」体制は専門を機械的に厳格にわけ、責任と権限を明確に規定する。情報を吸い上げ、意思決定や命令系統の垂直的階層が十分に発達している、という特徴がある。一方、「有機的な」体制はもっと融通性に富み、職務には公式的な規定がなく、垂直的階層による伝達はあるが協議的な性質を持っている。基本的に、組織に対する意識がない企業は有機的な管理体制を持っていたのである。しかしながら、調査によるとこの逆は成り立たなかった。組織図を作り、組織図について話し合えた企業は必ずしも機械的な管理体制を意味しなかったのである。管理者間のコミュニケーションの方法にも相違があった。若干の企業ではほとんど直接会って話し、電話による口頭で行われていたが、逆にほとんど文書で行われている企業もあった。機械的な管理体制では文書によるコミュニケーションが多く、有機的な管理体制では口頭によるコミュニケーションが多くなるようであった。

経営管理層の学歴および教育訓練についてもさまざまであった。研究となった対象企業の中で大学卒や専門的な資格を持った人々を雇っていた企業は五〇社あったが、内訳としては、スタッフ部門にだけ雇っていた企業が二三社、ライン部門にだけ雇っていた企業が三社、ラインとスタッフ両部門に雇っていた企業が二五社であった。また、経営管理層がほとんど全部社内の昇進で運営していた企業は三〇社、管理者や監督者はすべて社外からという企業は五社、残り六社は状況に応じて社内、社外の両方から求めていた。管理層を養成する組織的な研修を行っていた企業は一五社、さらに、規則的な教育訓練を中心にした中堅幹部開発計画を実施していた企業は三社であった。短期間でも社内・社外で管理者の教育講習がいくつか行われている企業は五〇社であった。

各企業の組織や管理の仕方も異なった。企業規模は、企業の労使関係や組織に対する意識の程度にほとんど影響がなかった。大企業ほど労使関係が冷たいとは必ずしも言えなかった。同様に、小企業ほど明確に規定した組織構造を持たないとは必ずしも言えなかった。企業の規模、組織形態および業績は組織の相違に関係ないようであったが、経営者の人間性や個人能力に大きく左右されることが考えられる。また、各組織の相違は、当の企業の持つ歴史的な背景や伝統に影響されることが考えられた。しかしながら、このような要因が状況の変数で当時の状況を適切に説明するものではないことが分かった。つまり、実際に、組織形態とか人間関係の姿に見られる企業間の相違は、必ずしも、人間性や伝統の違いに結びつけられなかったのである。

この研究は、どのような組織形態がよい業績を生み出すのかに焦点を絞った。結論としては以下のようにまとめられる。

第一に、業績が「平均より上」とされた企業にはほとんど共通点がない。最高執行責任者の直属の部下の数は、管理執行の効率という点からすれば五、六人であるが、実際、上司と部下の関係により変動していた。業績のいい企業は、先進的な生産管理の技法は実施していなかったし、営業成績は、現場に臨んで実践的な判断を行うラインの比較的下位にいる監督者の技量次第であるように思われた。

第二に、業績が「平均より下」とされた企業でも同じように、いろいろな違いがあった。有機的な体制を持った企業が機械的な体制を持った企業の二倍であった。業績のよくない企業では、指揮命令の階層が非常に長いか、非常に短いかのどちらかであった。以上の分析から見て、得た情報を組織化すると、否定的な結果であったことが分かった。つまり、企業の業績と組織の特徴と考えられるものとの間に何の関係もないという意外な結果であった。

以上の経営理論の諸概念や方式には、それがある技術的な背景の中にありながら、技術とは無関係に展開されるという特徴がある。ただし、生産技術とは何か、生産システムの違いや規模、および技術変化に関する諸問題を分析する必要があるため、第三章では「技術変数の分析」について論じている。

古典的な経営理論は、技術的側面を考慮せず執行管理過程に関する考えを展開する傾向があったし、現在もそれは残っていることが考えられる。ウェーバーやヴェブレン以降、経営の諸問題に目を転じた社会学者たちは、理論的に異なった観点をとり、社会組織の持つ技術的な環境が、企業構造や行動を決定する主要な変数であると仮定するようになった。その後、「技術変化が企業内の社会的な諸関係に広範な影響を及ぼす」という仮説に基づく研究が数多くあらわれた。タヴィストック人間関係研究所の「社会–技術システム」はその中の一つであり、作業環境における社会的な要因と技術的な要因の相互作業を説明するのに広く用いられるようになった。

一九五九年には、ドゥービンが技術は作業行動を決定する最も重要な独立要素であることを主張した。技術には二つの意味が含まれる。第一に、作業遂行の基礎になる道具、器具、機械および技術方式であり、第二に、作業の目標、その機能上の重要性、および用いる方法の理論的根拠を明確に示す思考体系である。研究対象企業はドゥービンが分けた技術の第二局面に緊密な関係性があった。同じような目標を持ち、この目標に結びついた、同じような製造戦略を持つ企業は、似たような製造工程になることが分かった。研究員たちは技術が組織に及ぼす効果を評価するために、研究対象企業の生産システムを「数でいく製品」、「量でいく製品」、「混合システム」という三つの分類基準で一一範疇に分類した（図表2–2）。

図表 2-2　サウス・エセックスの企業における生産システム

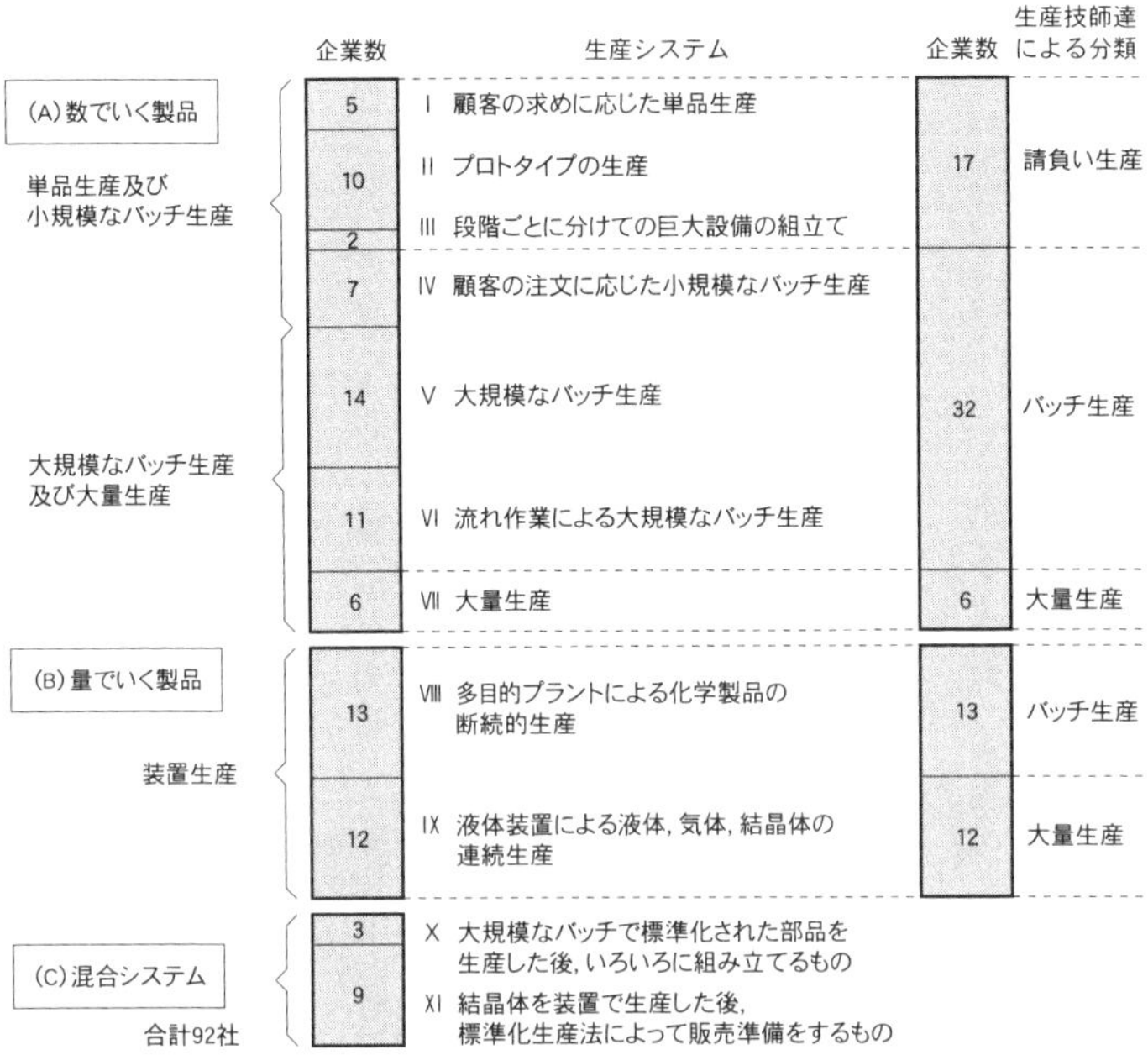

出所：Woodward, J., *op. cit.*, 1965, p. 39.（前掲訳書, 47 頁。）

研究員達の分析によると、生産システムと規模の間に重要な関係はなさそうであった。また、技術的複雑さの増大化を分析するため、図表2—2に示したように、企業は歴史的な発展および技術的な複雑さの順に並んでいるのである。つまり、顧客の個人的な諸要求に合わせて作る単品生産は時代的に最も古く、最も単純な製造形態であり、量でいく製品をたえまなく流れるように生産するのは最も新しく、技術的に最も複雑である。生産システムは企業の前進できる範囲を確定し制御する。新しいより効率的な製造方法の開発が、必ずしも古い生産システムを流行遅れにしてしまうわけではない。

標準化、専門化、および単純化は近代の製造法がよって立つ理想であるが、個人的な要求への需要はむしろ増大している。

技術変化の生じ方には二種類あることが分かっている。一方の変化は、より先進的な生産システムを導入するために、企業目的を修正する企業戦略の決定が生じる変化であり、生産標準化の決定に伴う諸変化である。もう一つの変化は、本来の目的が新しくより効率的な方法で達成できるようになる技術開発や執行管理の進歩の成果として生じた変化であり、改善から生じる変化と技術的な変化である。技術変化が組織に及ぼす効果やその関係について、一般的な結論は得られなかった。

サウス・エセックスの企業人は、技術変化に対する態度が寛容であった。抵抗が無い理由は、変化が雇用や給料に脅威を与えるものと思われていないことや、最近発展した新興企業が多いことがあげられる。また、従業員に変化を気づかせないで、製品と生産方法に根本的な変化を起こすこともできる。あるいは工場管理者は、新しい機械と古い機械を並べて動かし、新しい機械について理解させていた。

第四章では、技術は組織とどのような関係があるかについて考察している。彼らは、同じような生産システムをもつ企業は似たような組織構造を持っていることに気づいた。技術は、組織に影響を及ぼす唯一の変数ではないが、重要な変数であることがわかった。データの分析から出てきたいくつかのパターンが示したのは、組織構造と技術的な諸要求との間には動かし難い機能的な関係があるようであった。この動向には二種類のものがあった。つまり、組織上の特徴には、図表2－2に示したように九つの生産システムが作り出す技術進歩の尺度と、直接的、漸進的に結びつくものがある一方、これとは違ったパターン、つまり、この尺度の両端にある生産システムは互いによく似ているが、この両端と中間領域との間には非常に大きな差があるというパターンを構成するものがあったのである。

技術進歩と直接的な関連を示す組織上の特徴には次のようなものがあった。つまり、命令系統の長さ、最高執行責任者が管理する員数、賃金給料の支払いが総売上高に占める比率、総従業員数に対する管理層の割合、作業労働者に対する事務管理スタッフの割合、間接労働に対する直接労働の割合、生産部門の非大学卒の監督者に対する大学卒の監督者の割合、などである。

まず、装置産業では命令系統が長いことが分かった。装置産業は、最高執行責任者は権限を一身に集めた意思決定者としてよりも意思決定体の議長として機能する。つまり、最高執行責任者が管理する員数は技術進歩にしたがって大きくなるが、ミドル・クラスの管理段階では、逆に技術進歩に応じて小さくなるのである。装置生産の組織形態は高くて底の狭いピラミッドであるのに対して、単品生産では、ピラミッドは低くて底の広いものであった。

また、総売上高のうちの賃金、給料、およびこの関連支出の支払いに回る比率は技術進歩に伴って小さくなるのである。数でこなす製品を作っている企業では、技術的な複雑さが増すと共に低下する労務コストの割合は比較的小さかった。労務コストでも、単品生産の企業では、ほとんどが開発費用となる傾向があり、バッチ生産では、生産費用となる傾向があった。装置生産の企業では、労務コストが格段に低いばかりでなく、その費用構成面でもずっと同質的であった。また、労務コストの低い企業に限って、人事管理や人間関係の分野により多く金をかけて専門スタッフを雇い入れる傾向があった。労使関係は大規模なバッチ生産や大量生産よりも装置産業の方がよいようにみえた。それは、緊張感が少ない、作業集団が小規模、管理員数が少ないことが要因であることが考えられる。

企業の技術とその管理集団の相対的な規模との間にも、一つの関連があった。つまり、技術進歩に伴って、非監督階層に対する管理者の割合の比率が増していくのである。労働構成が技術変化によってどのように影響されるかについて、研究員たちは次のような結論に達した。それは、管理集団の規模が総従業員数よりも企業の「大きさ」の指標になるということである。研究した企業の中には、従業員数が比較的少なかったけれども、それ以外は、管理組織の十分な発達、相当な財源、長期の計画、従業員に対する行き届いたサービス、および執行スタッフの高給ぶりなどを含めて、大企業の特徴を持つ企業があり、装置生産の企業に当てはまった。装置産業では比較的多くの管理者や監督者がいるだけではなく、その人々の学歴も高く、定期的で組織的な管理職研修を実施している。また事務管理層も多くなる。つまり、技術的な複雑さの度合は、生産管理に雇われる大卒者の数に結びついていたのである。

最後に、研究員達は、技術と業績の関係について、組織の種類と関連づけられる変数は生産システムしかなかったことを第五章で論じている。研究員たちは、生産範疇ごとに、業績が平均より上と分類した企業、および平均より下とされた企業の持つ組織上の特徴を見直した。業績がよいとされた単品生産の企業五社の組織上の特徴には共通点があり、装置生産の企業六社にも同じような共通点があった。即ち、各生産範疇で業績のよい企業がもつ組織上の特徴を示す数値は、その範疇全体の中位数の周りに集まってくる傾向があるのに対し、業績が「平均より下」とされた企業の数値は、その範囲の両端に出てくることが分かった。業績で「平均より上」の企業と「平均より下」の企業のそれぞれにおいて、ラインの末端監督者が管理する平均員数の大きさに関するものである。最高実行責任者が管理する員数、命令系統の段階数、労務コスト、および隔週の労務構成に関する割合も、みな同様な傾向を示した。このような組織上の特徴と技術と業績が一緒に結びついているという事実から、次のように考えられる。

第一に、生産システムが組織構造を決定する重要な変数であることは言うまでもないが、同時に、各生産システムには、ある特定の組織形態が特にうまく合うということである。

第二に、バーンズ流の分析によって、大規模なバッチ生産の範囲に入れる企業で業績のよい企業には、機械的な管理体制を持つものが多いということが分かった。逆に、この範囲外の企業で業績のよいものは、有機的な体制になる傾向があった。

第三に、大規模なバッチ生産の企業で実効のある管理手法（administrative expedients）が、まさに、日頃教えられている経営学の基礎となっている諸原理や理念と一致していた。

研究員達は技術変化の効果に対する評価を以下の二点でまとめている。

第一に、技術と組織と業績に一定の結びつきのあることが実証されたことは、企業経営者にとっては、直ちに、実践上の意義がある。つまり、組織構造の業績向上に役立つ各種の技法開発に結びつけられるだけでなく、技術変化と同時に生じる組織変化を予め計画化できるようになるからである。

第二に、サウス・エセックスに関する限り、生産システムの変化に伴って生じた組織改革は、劇的な変化でもなければ、前もって計画化されたものでもなかった。組織問題は、技術変化の結果として出てきたようであり、これらの問題に対する解決法の発見が、ひいては、組織の変革をもたらしたのである。

また、研究員達はある企業環境の中で、技術が企業組織の定式化にどこまで影響を及ぼすか、という問題を考えてみた。ここで、企業と組織を定義する。即ち、企業とは、いろいろな職場集団の構成員からなり、この職場集団が各種の企業内社会集団となって、しかも、一個の共同体を構成したものである。公式な組織は、雇われた人々が協働して目的が達成できるように考案し規定した、安定的で明示的な諸関係からなるパターンである。これに対して非公式な組織は、日々の活動から実際に生じる諸関係からなるパターンである。

技術と企業組織の一要素である業務構成に、一定の関連があることは明白であり、調査研究により非公式な組織も技術の影響を受けることが明らかにされている。しかし、公式な組織を意識的に計画化する場合は、技術発展とますます切り離されて行く原理や理念に基づいて作られるので、社会科学者は一般に次のように仮定する。つまり、公式な組織は、企業組織のうちでも、技術的な諸問題の影響が最も少ない部分であるとみなしているのである。

しかしながら、この調査から得られた情報は、サウス・エセックスの企業では、公式の組織も技術的な諸要因によって影響されていることを極めて明確に実証しているのである。これは、意識的な計画化が考えられているほど常識化していないためかもしれないし、公式な組織と非公式な組織に分ける二分法が実際には当てはまらないためかもしれない。

調査の結果は以下の二点にある。第一に、技術と組織の結びつきが意図的な行動や考えぬいた企業戦略によってというよりは、むしろ、そういうものにも関わらず、一貫していることを示している。だから、各種の製造業種別に生じるその環境の諸要求をよく検討すれば、執行管理プロセスももっと深く理解できるようになろう。第二に、調査結果は、ある技術的な環境では、職務階層のすべての段階にいる人々に、他のもの以上に強い緊張がかかることを示している。技術尺度の中間領域よりも両端の方が、管理者間の関係も労使関係もずっと良さそうであった。つまり、中間領域では、緊迫感が強く、起こりそうな葛藤を解くメカニズムを組織機構内に作ることがいっそう重要に思えたのである。

第二節　ケース・スタディの紹介（主著第二部）

ウッドワードらの研究プロジェクトの第二段階として、個々の企業のケース・スタディがある。生産システムのもつ技術的な諸要求が、企業組織を規定し、成員の行動を制約するという結果が、調査の第一段階で出てきたため、研究員達はさらに深く研究する必要があると確信したのである。

ケース・スタディでは、さらに二つのアプローチを採用している。一つは、第一段階の調査に含まれていた企業のうち二〇社をもう一度訪問して、もっと詳しいデータを収集すること、もう一つは、企業の数を絞って、さらに詳しい研究をすることである。

前者の二〇社の訪問では、研究チームがほぼ一カ月をかけて、組織のいろいろな側面を集中的に研究し、特に企業の歴史と組織原理の変化を研究した。さらに、職務階層の各段階でとられる決裁の性質とその数、経営管理チームの各種構成員に要請される共同活動や管理指令の流し方などについて研究を行った。最後に、生産技術についても詳しく検討し、企業ごとに技術から生じる環境的な諸要求について詳しく分析し、諸要求に合う有効な組織法や運営法を考察し、現在の組織構造がその技術から生じる環境的な諸要求に合っているかを評価した。

後者の企業数を絞った詳細なケース・スタディの対象になったのは、製造方法が変化しているか、製造方法が交じり合っている企業のみである。組織と技術に関連があるなら、最も難しい組織問題が起こりそうなのは、こういう企業だからである。条件が合ったのは三社（A社・B社・C社）であり、それぞれ次のような概要である。

A社は、電気および電子工学関係の構成部品を生産する企業であるが、この企業は創業以来もっぱら請け負い生産をやってきた。しかし、大規模バッチ生産や大量生産方式を集中的に行っていた大規模な企業グループの傘下に入ることで、生産方法に変化が生じた。本質的には請け負い生産であるところへ生産標準化の技法を導入して製造作業を効率化しながら、品質を落とさないようにする改革が触発されたことが興味深い。

B社は、装置生産と大規模バッチ生産および大量生産による製品の販売準備を結合している薬品化学分野（pharmaceutical chemicals field）の企業である。薬品自体を作るプラントに加えて薬品や売薬の瓶詰め、包装、錠剤化、アンプル化などの生産ラインができ、後者の生産ラインでは従業員が非常に増えている。

C社は、石油精製業で生産システムのタイプとしては、Ⅷ（断続的生産）とⅨ（連続生産）に該当する装置生産のプラントを動かしている。もともとは、Ⅷの範疇に入る生産しか行っていなかったが、第二次世界大戦の終わりごろ、政府の方針で石油産業が非常に発展したことにより、特別にプラントを建設したという経緯がある。

それぞれの変化の特徴として、A社は本来の企業目的を達成するために新しい方法を導入したことから生じ、B社では企業目的の変化から技術変化が起こった。C社は二つのプロセスが結合されていたが、自動制御の分野における技術発展と結びついた企業目的の変化によってより先進的なプラントが建設できるようになった。

これら三社の詳細な調査は、一つひとつを約六カ月かけ、それぞれ一〇〇名以上の管理職にインタビューするという社会人類学的アプローチをとった。得られた情報をすべて活用して一冊の本におさめるのは困難なため、組織の主要な三つの側面を選び出して検討している。三つの側面とは、ラインとスタッフの役割分化からみた組織形態と製造業の持つ主な三つの機能、応用研究開発・生産・マーケティングの関係、および生産結果の予測や統制を含む生産自体の組織についてである。

ラインとスタッフの役割分化からみた組織形態については、企業組織の解剖学的所見（The Anatomy of Organization）として第七章にまとめられている。ここでまず、ウッドワードらは、企業において曖昧に使用されていた「機能」（function）という概念について整理し、二種類に区別している。一つは、業務面からみた機能であり、資金調達、製品開発、製造、製品マーケティングなど、いわゆる職能である。この場合の機能は、特別の限定的な最終成果に向けて方向付けられており、全体の目的を効率的に達成するために成果を調整するために作用する。もう一つは、要素面からみた機能であり、人事、計画化、管理、検査、維持といった経営管理プロセスの側面からとらえる機能である。これらの機能は、特別の限定的な成果に向けて方向付けられることはめったになく、時間的空間的に切り離すことは不可能な点も、前述の業務面の機能とは異なる。

さらに、この章ではラインとスタッフの概念も明確化している。「ライン」とは、最終成果に直接に責任を負う人々が占める一定の地位を意味し、「スタッフ」はこのラインを補佐し、ラインに奉仕する地位を意味し、スタッフは、個人的にも全体的にも最終成果に対しては責任を持たない地位を意味している。

こうした用語を明確にした上で、ケース・スタディの対象となった組織を分析している。基礎的サーヴェイからはっきりしていることは、研究対象となった企業の大多数は専門的な管理者を雇用し、半数以上がライン・スタッフ型の組織を持っていた。ライン・スタッフの役割分化についても興

図表 2-3　ライン・スタッフ組織（職能部門制組織の形態）

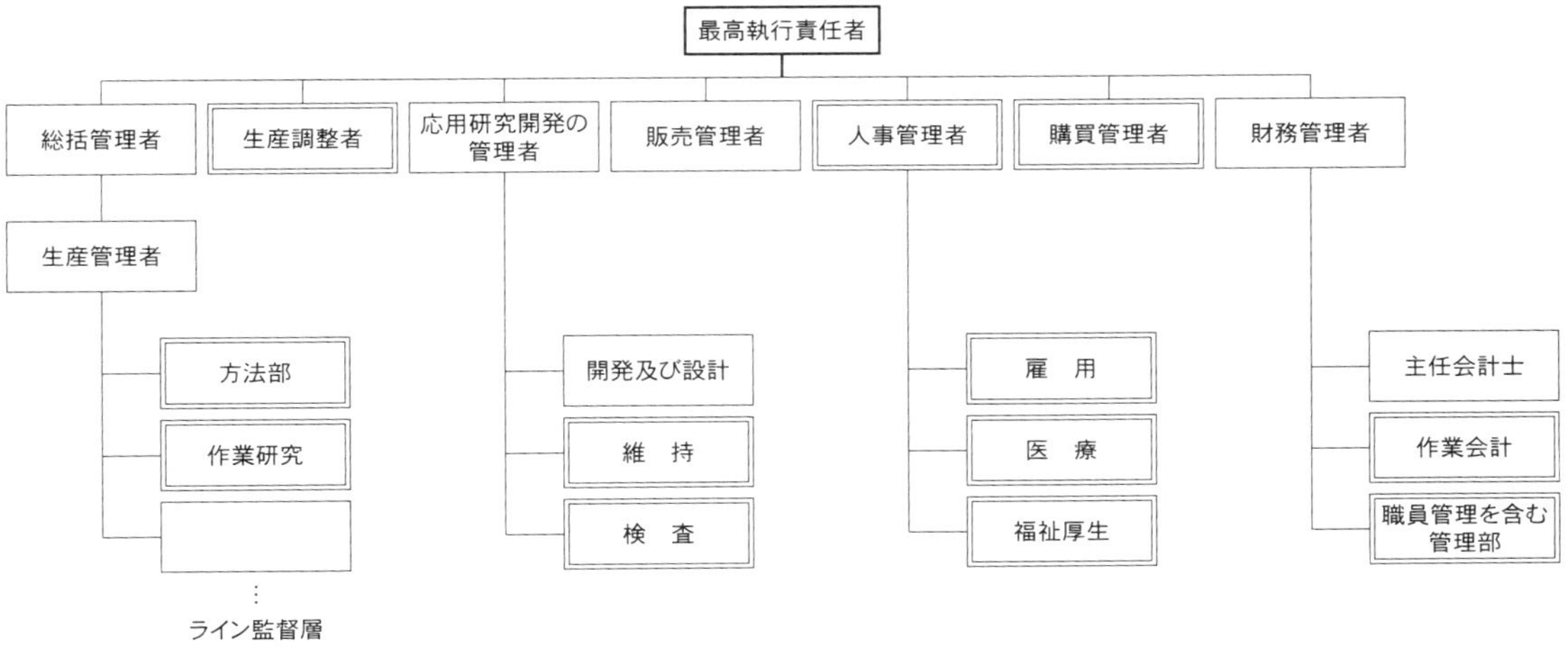

出所：Woodward, J., *op. cit.*, 1965, p. 105.（前掲訳書，127 頁。）

図表 2-4　生産組織内のみのライン・スタッフ組織

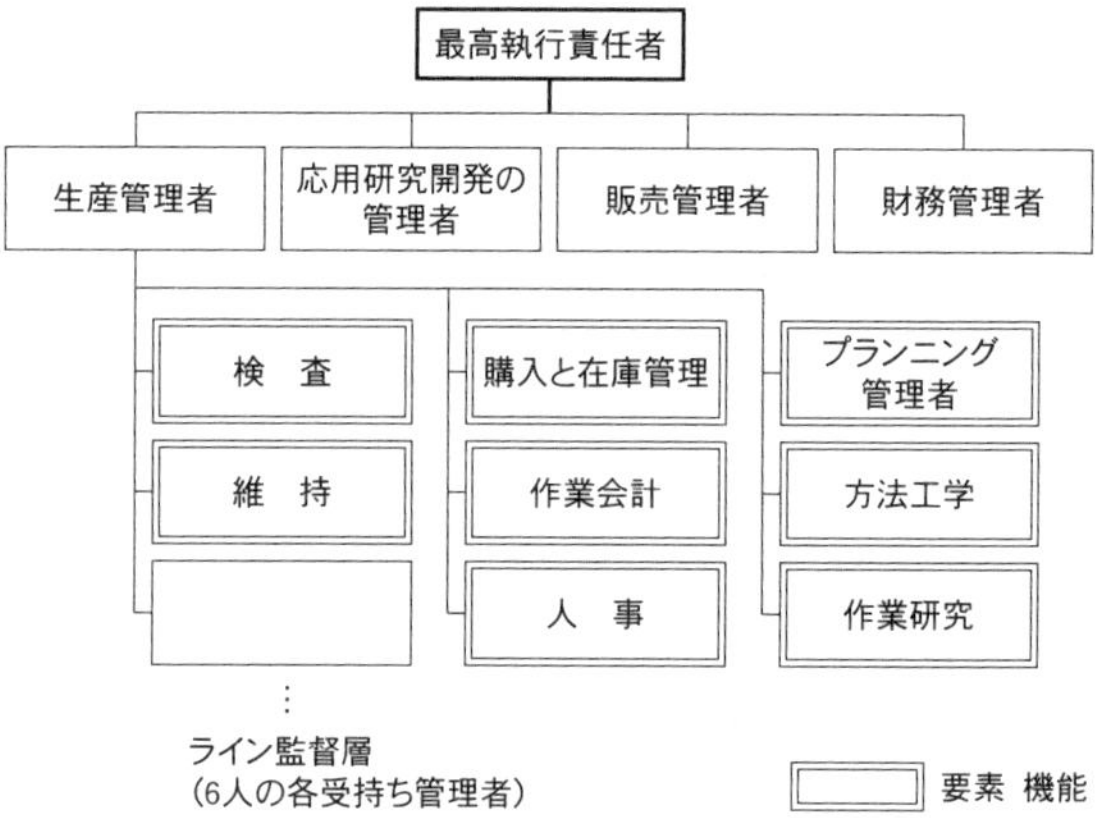

出所：Woodward, J., *op. cit.*, 1965, p. 106.（前掲訳書，128 頁。）

味深い傾向があった。生産技術が進歩して、液化装置による連続生産つまり装置生産の方へ移っていくにつれ、ラインとスタッフの役割の区別がはっきりしなくなり、専門的な技能はどんどんラインに組み込まれていき、執行責任と結びつくようになる。大規模なバッチ生産および大量生産の分野では、ラインとスタッフの役割が厳然と区別されてはいるものの、組織の分化が進んでいく傾向があって、全体的包括的なライン・スタッフ組織が、特定の商品や特定の地域を受け持つライン・スタッフ組織の連合体にとってかわられつつある。

　ライン・スタッフ組織に関しては、三つのタイプがあることをウッドワードらは明らかにしている。一つ目のライン・スタッフ組織は、「職能部門制組織」(departmentalized organization) の形態である。

　生産作業に直接責任を持っているのは、一般にライン管理者と認められている管理者だけであり、組織上、スタッフの責任とスペシャリストによる管理の区別、および業務上の機能と要素上の機能の

図表 2–5　製品中心のライン・スタッフ組織（事業部制組織の形態）

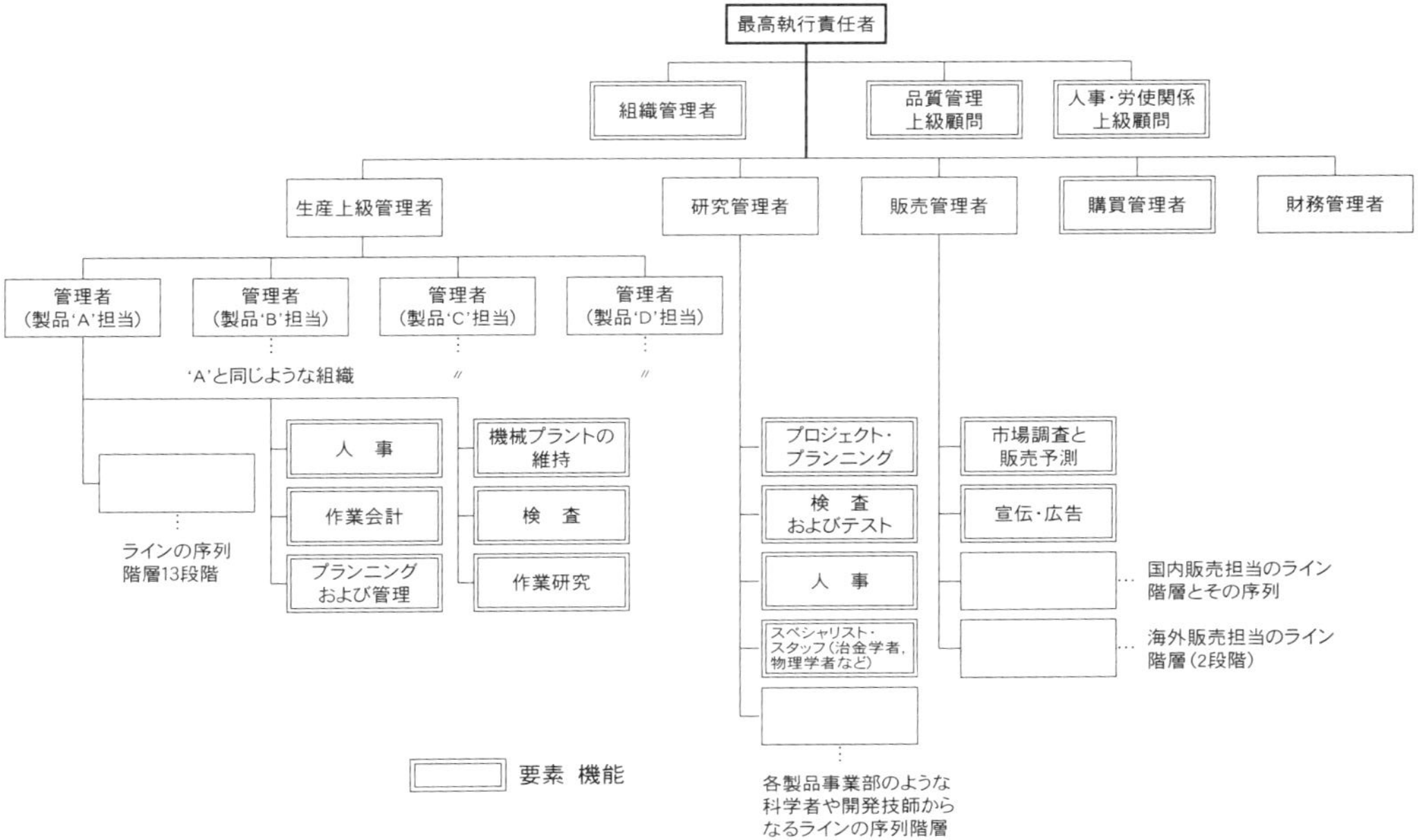

出所：Woodward, J., *op. cit.*, 1965, p. 108.（前掲訳書，129 頁。）

区別ができていなかった。専門管理者がスタッフの役割も担っているタイプである。二つ目のタイプは、業務上の機能と要素上の機能が組織上明確に区別されており、序列階層のトップで調整される機能は、業務上の諸機能である。

要素上の諸機能の区別やラインとスタッフの役割の区別は、階層上一段階降りたところで行われていて、ライン・スタッフ組織は生産組織内にしか見られなかった。この場合、スタッフ部門に雇用され生産管理に従事するスペシャリストと、財務活動、販売活動、研究活動を管理するスペシャリストの地位には、きわめて顕著な差があった。後者のスペシャリストは最高執行責任者に直接責任を負っているが、前者のスペシャリストは生産管理外ではまったく責任を持っていない。三つ目のタイプが業務上の機能の区別を基礎として、その中で、要素上の機能を区別しており、業務上の各機能内にライン・スタッフ組織が作られている。

インタビューを受けた人々はこのタイプのライン・スタッフ組織を「事業部制組織」と呼んでいたという。生産管理に関しては、製造する製品別に区分されていて、各製品事業部はほとんど自己充足的で、その事業部の有効な運営に必要なすべての活動を包含していた。

こうしたライン・スタッフ組織のかかえる組織上の問題点は三つあげられていた。一つ目は、(a)組織階層上部のスペシャリストが抱えている執行管理上の膨大な負荷を軽減する事業部制組織への組織変革である。この組織の転換は、既存の組織構造を分割することになり、社会的集団を断ち切り、組織成員に新しい役割を課すことになった。全般的にラインの地位にいた人々は権限が強化され、スタッフの地位にいた人々は権限が縮小された。また、事業部ごとに分割されたため、購買や人事において必要に応じて外部に対する統一的な窓口を設ける必要がでてきた。二つ目は、(b) 業務面の機能と要素面の機能の混同に関わる問題である。例えば、組織全体を生産中心に考える企業では、ライン管理=生産管理と考え、その他の製品開発やマーケティングの機能は生産管理者をサポートするスタッフの役割ととらえる風潮があった。また、財務機能には、資金戦略を決定する業務上の機能と会計管理を行う要素上の機能というまったく異なる二つの機能があるが、企業によってはそれを一まとめにしていたために、会計係と他の管理者の仲が良好ではない状態を引き起こしていた。逆に、二つの機能を組織上切り離していた企業では、そういった話はあまりないようであった。最後の三つ目が、(c) 人事管理に関する問題である。人事機能は、組織のどの階層、どの部門におくかによって、組織の人員配置に大きな影響を及ぼす。概して、人事部門は最高執行責任者に対して直接責任を負うようにすべきだと言われる傾向があった。しかし、人事部門は事業部や機能部門の全体を見ながら人員配置を考える必要があるため、人事管理の担当者に命令の一元化の原則を厳密に適用することは難しい。事業部制組織をとっている組織でさえ、人事担当は最高執行責任者付きにすべきであり、各事業部内に人事スタッフをおいたとしても、強力な中央本部の支援が必要と考えられていた。本研究では、人事経営について重役会にアドバイスするハイ・レベルの人事担当スペシャリストと、ライン管理者と緊密に提携して生産現場の諸問題に対応するそれほどハイ・レベルでない人事担当の両者を持つような組織を推奨している。

ケース・スタディの対象となった企業の中には、ファンクショナル組織をとっているところも二社あった。命令の一元化の原則が適用されないため、一人の部下に二人以上の上役がついているが、組織としてはうまく機能していた。

組織形態に関して、インタビューした人々のほとんどが、企業の組織方法で唯一最善の方法はないと考えていた。また、基礎的なサーヴェイと詳細なケース・スタディで得られた分析との間に矛盾はなかったが、詳細な研究からは次の二つの問題点が提起されている。一つ目は企業の組織構造だけではなく、組織機能も技術と関連がありそうだということである。企業は社会的な目的と技術的な目的という二重の機能を持っている。技術的に進んだ企業は作業調整を人々の協働活動に依存することはないため、組織はまず第一に社会的な目的を満たすことに専念できる。しかし、技術的にそれほど進んでいない企業では、組織は技術的な目的と社会的な目的との両方を満たす必要があり、二つの機能が互いに葛藤することもある。こうした組織の機能の相違を認識すれば組織構造の相違も理解しやすくなる。もう一つの問題点は、古典学派的な考えは適切ではないことが明らかなため、あまり既存の理論に拘泥しないことが肝心であるとしている。

第八章では、製造業で中心となる三つの業務、つまり開発、生産、マーケティング間の関係に重点をおいた機能間の関係を調べている。研究対象となったのは、二三社中一五社である。

研究、生産、マーケティングといった業務上の機能は、時間的にも空間的にも切り離すことができるが、それらを切り離せる程度は、生産システムと密接な関連がある。各機能を最も容易に分離できるのは技術的に進んだ生産システム（主に装置生産）の場合であり、こうした三つの機能の性質は技術的な要因に依存していた。

また、二三社の中で、業績が平均より上の企業では、共通して中核をなす機能の重要性が適確に認められ、企業の最高経営責任者（chief executive）がかつて経歴中に中核機能に親しく携わっていた企業ほど業績が良い傾向があった。

これらの業務上の機能に関しては、「単品生産と小規模なバッチ生産」「大規模なバッチ生産と大量生産」「装置生産」のそれぞれのタイプにおける詳細な特徴が記述されている。まず「単品生産と小規模なバッチ生産」にあたる企業では、販売責任者がより深く他部門のスタッフと緊密な関係を持っており、技術的にも高いレベルの者が任にあたっていた。このタイプの企業は製造計画が企業注文だけに基づいており、顧客と緊密で継続的な関係をつくっている。そのため、製造サイクルの第一局面がマーケティングにあり、コストの低さやサービスは二の次で、製品のよりよい品質や性能に重点がおかれていた。製造サイクルの第二局面が開発であり、応用研究開発は、単品生産の中心的かつ核心をなす活動であり、社のエリートが任にあたっていた。他の範疇にあたる企業よりも、研究開発者が生産現場で時をすごすことが多く、生産がいろいろな困難に立ち至ると、開発者がすばやくそれに対応することになった。こういった事実から、開発と生産間のコミュニケーションをうまく図っていく上で、各製図課も高い地位を持っていた。研究を管理することは難しく、単品生産では、製造段階は時間的に最終的な活動にすぎないため、単品生産企業のエトスとは、研究開発のエトスであると言っても過言ではない。単品生産企業では、各機能の緊密な統合化、個人的な接触の頻繁なこと、および開発機能が主体をなすことに伴う圧迫感の欠如が、部門間相互のよき協調関係を伸ばすために大きな役割を果たしていた。研究対象となった単品生産の企業すべてに通じる特徴は、経営管理グループ(management group)が緊密に結びつき、同質的な一体感をもっていることであった。単品生産の企業の管理層は、各自の部分的な利害と同時に、企業の全体目標についても十分に理解していた。

「大規模バッチ生産と大量生産」の企業では、製造サイクルの第一局面は製品開発、第二が生産、第三にマーケティングという順であった。各機能は、単品生産よりも互いに独立的で自己充足的であったが、これは、開発、生産、販売のそれぞれに責任を持つ人々の間に緊密な作業上の関係が確立されていて、それに基づいて各最終結果が達成されるという具合になってはいなかった。独立的であることが、むしろ部分的な利害関係を助長し、部門間の縄張り意識を強化する傾向にあった。したがって、そういった企業の抱えている課題は、部門間で適切なコミュニケーションが可能な施策を考えることであった。開発部門と生産部門間の調整は難しく、緊密に結びつくことで生じる役割の混乱によるトラブルもあった。開発部門はそのパフォーマンスも含めて管理は難しく、大規模なバッチ生産や大量生産の企業では、圧迫感が不均等にかかるため、製造や販売部門が不満を持ちやすい。その上、短期的な業績は生産効率や単位費用の削減に依存することが多いため、研究開発部門に生産部門よりも高い学歴や資格が必要とされることに、他の管理・監督者層は不満を持ちがちであった。研究と生産の間の適切なコミュニケーションを確保する方法としては、研究と生産を橋渡しする製品開発部をもうけたり、製品開発委員会が調整メカニズムとしての機能を果たしていた。

こうした「大規模バッチ生産や大量生産」の企業で核心をなす中心的な活動は第二の局面である生産そのものであるが、企業間でその違いが最も顕著であるのが生産組織である。各企業で生産プロセスを合理化する程度や生産作業の監督から生産の執行管理を切り離す程度が違うばかりでなく、プログラミングや管理措置の有効性も異なっていた。生産管理の管理層や監督層は高い地位にあるがエリートではなく、製図工は単品生産の企業にいる製図工が持っていたような意思疎通の重要な地位を占めてはいなかった。最終局面はマーケティングであるが、生産とマーケティング間もあまりいい関係ではなかった。販売部門の基本的な仕事は顧客にあなたが欲しがっているのはわが社のこの製品ですよ、と説得することであり、販売スタッフは製品自体や生産過程に関する技術的な知識をあまり必要としなかった。

「大規模バッチ生産や大量生産」の企業では、開発、生産、マーケティングに責任を持つ各上級執行者（senior executives）が、単品生産の執行者よりもずっと自律的であることを意味した。こうした企業では組織機構の細分化がずっと進んでいたので、経営管理層の同質性が少なく、管理者や監督者層は、それぞれの機能と一体化する度合いが濃いため、いろいろな縄張り集団もできていた。そのことで、組織の持つ技術的な目的と社会的な目的が衝突する可能性も高かった。

「装置生産」における開発の局面は二つの段階に分かれるという特徴があった。装置生産企業のすべてが開発研究所とは別に純粋な基礎研究を行う調査研究所を持っており、製品開発の最終段階の責任を持つ、いわゆる作業化学部や技術部を持っていた。調査研究所が製造段階にほとんど関与しないのに対し、開発研究所は、純粋な基礎研究の段階で得た知識を製品開発に応用する責任を負っていた。したがって、「大規模なバッチ生産や大量生産」の企業における製品開発部と同様で、部署間での情報交換が必要であった。しかし、「大規模なバッチ生産や大量生産」と異なり、部署間の諸関係は次のような理由で良好であった。まず、第一に人々にかかる圧迫感がどの部門にも均等にならされていたこと。第二に、開発作業に従事している管理層や監督層がプラント関係の諸問題に関与するようになることはめったにないこと。第三に、製品開発に従事する管理・監督層の学歴や教育歴は、生産管理層の学歴や教育歴と大差がないことである。

市場の確保が大切なことから、「装置生産」の企業では、マーケティングは中心的かつ核心的な活動で、マーケティング部門は地位の高い部門となっていた。装置生産の企業の特徴として、企業という社会システムの中に、さらに小さな社会システムがあり、こういうものがいくつか集まって全体が構成されていた。したがって、製品開発における作業化学部や技術部が担当する段階は、研究よりも生産の方に深く結びついていて、プラントを中心とした内なる社会システムの固有な一部分をなしていた。また、生産は、単品生産の場合と同様に、製造サイクルの最後の段階であり、生産成果の管理や予測のしやすさから、生産組織は比較的簡単なものであった。

装置生産企業における製造上の基礎的な諸業務、即ち新製品の開発、市場の開拓および生産は、他のシステムよりも互いに独立的な要素が強く、装置生産は業務間の作業調整のメカニズムを準備する必要のないタイプの産業であることを示していよう。

第二部の最後にあたる第九章では、生産作業自体を計画化し、管理する方法について分析している。生産に関する主要な要素機能は、プランニングと執行・管理である。主要な要素機能間の関係や重みづけと技術の違いに関係があるかどうかを検討したところ、生産組織は、図表2－2に示されている技術尺度としっかりした関係はなさそうであった。技術尺度の両端にある、単品生産の特別注文品を扱っている企業の生産組織はまったく同じであったし、プラントが単一目的である装置生産の企業も組織的にはよく似ていた。しかし、技術尺度の中間領域にある企業では、生産作業の計画化および管理の仕方も非常に多様性があったのである。

特別注文生産を注文順に次々に生産している単品生産企業の持っていた共通の特徴は、プランニング、執行および管理の諸機能間に分化が見られないことである。またプランニングおよび管理の責任と執行の責任の結びつきは、ラインの下部に至るまで一貫して見られ、個人に許されている自由裁量の範囲が、他の型の生産よりもずっと広かった上、生産部門への圧力もあまりなかった。この範疇の生産では、公式な組織と非公式な組織が一枚岩的な関係になっていて、社会組織という見地から見れば、明らかに最も効率的な生産システムである。

単一目的による生産を行っている装置企業の生産組織の研究に関しては、プラント自体を中心にした内なる社会システムの研究にならざるを得なかった。技術的にも経済的にも、技術尺度の上で、装置生産は単品生産と正反対の極にあるが、社会組織という見地からすれば、特別注文生産企業の社会システムと驚くほど似ていた。役割の葛藤が起こる場合も、大規模なバッチ生産企業でみられるストレス状態にならないのは、この型の生産に従事する人々の教養や教育水準が高いからであろうか。また、装置生産では、基本的な課業の規定が截然としているばかりではなく、従業員に受け入れられ、生産機能のプランニング、執行および管理の諸要素間に緊密な連絡があった。

装置生産では、プラントの建設段階で、プランニング機能の多くが織り込まれているため、生産スタッフのすべき仕事は、プラントの運転をなるべく能力一杯に近い状態にして、諸活動の流れを維持することくらいであった。調査した企業の中では、プラント・ベースで組織化されている企業のほうが、作業化学部や技術部、作業部門との関係が良好であった。ウッドワードらは、このタイプの生産が今後もっと普及する可能性が高いので、装置生産に関する知識をより充実させ、組織計画のベースとなる概念の開発が必要であると主張している。

大規模バッチ生産と大量生産の範疇に入る「バッチ生産と断続的生産」企業における生産機能の特徴はばらばらであり、ほとんど同質性がなかった。これらの企業間には重要な技術的相違があり、より多くの企業を調査対象として網羅していたら、それらの技術変数と組織上および行動上の特徴と結びつけることができたかもしれなかった。企業間の相違には、バッチの規模や、バッチの生産が一回きりか、規則的か不規則に行われているかの違いや、生産する製品や部品の数のバリエーションがある。製品の性質も技術的に複雑なものや固定的で簡単なものもあった。

組織上および行動上の特徴としては、次の点があげられる。まず、管理者や監督者が、各自の業績判定法やプラントを常時運転できるようにしておく業績の判定法を明確にするのが非常に難しいことに気づいていた。生産を管理しうる限界が分からないため、「最大化」「迅速さ」「適切さ」といった基準を使って考えざるを得ない。また、生産方策の決定とプランニングに関して重役会と最高執行責任者の役割が截然としていないことがあげられる。生産に関して、「どんな方法で」「どれだけ」「どこで」「いつ」という細かい決定は、最高執行責任者の責任事項であるが、そういった諸決定の権限を部下に委譲する場合、スペシャリスト部門でプランニング・プロセスが細分化され、さらに細かな補助目標（subsidiary objectives）がいくつも作り上げられることによって、補助的な目標のほうが、基本的な目標にすりかわってしまうこともあった。そうした補助的な目標は互いに調和しない状態も作り出していた。ライン監督者の多くは、計画を達成しながら、品質を維持しコストを抑えるのは不可能であると分かっているので、最も重要なものがどれかを時に応じて判断する必要があった。監督者にとっては、この不確実性がもたらすストレスが一番大変であり、彼と各スタッフ部門との関係を難しくしていた。

「バッチ生産と断続的生産」の企業では、生産管理の諸要素、つまり、プランニング、執行、および管理が互いに切り離されている。しかしながら、この諸要素が調整される位置が最高執行責任者に近く高ければ高いほど中央集権的な度合いは強い。プランニングと管理が切り離されていることから次のような企業間のバリエーションも見られた。一般に、バッチが大規模で製品の多様化が少なければ少ないほど、生産計画担当者（planning personnel）とライン監督層の関係が良かった。

管理上最も困難な問題が見られたのは、多様な各種の部品をつくっている小規模なバッチ生産企業であった。こうした企業の中では皮肉なことに、生産現場の諸関係に最も調和が欠けていた企業が最高に発展した生産管理部を持つ企業であり、比較的うまくいっている企業は、特別注文生産企業に似ていて、経営管理の効率は、臨機応変な判断をするラインの末端監督者の技能にかかっていた。そこでは、能率向上に役立つラインの末端監督者の意思決定能力を強化する必要性があった。

この生産機能に関する複雑な生産プロセスの追跡調査においては、ライン・スタッフの通念はあまり役立たなかった。鍵になるのは管理体系であり、この部分のより詳細な研究が必要であろう。

第三節　追跡調査（主著第三部）

本書の第三部では、これまで実施してきた技術と組織の関係に関する研究やウッドワードらがこれから始めようとしていた新しいプロジェクトに対して、特に重要な意味を持つ技術改革が行われている七つの企業を再訪問し、その公式化が管理体制に及ぼす諸効果を調べている。したがって、この研究は、二つの研究プロジェクトのつなぎ役、つまり、始めの研究の追跡作業であると同時に新しい研究の予備調査とみなしうるものである。

社会科学者たちの行った技術改革に関する研究は三種類に分けられる。一つ目は、管理層や作業グループに起こった事柄、即ち抵抗やストレスが考察されているものである。二つ目は、作業の組織化に関する改革のより長期的な効果に集中して考察しているものである。最後が、技術変革に関する研究で、変革が生じた際の組織と経営管理に関する諸問題に関心を払うものである。この三つの種類の研究は互いに重なりあっているので、区別するのが困難ではあるが、ウッドワードらは、研究の重点を諸改革の長期的な組織上の効果において考察した。

サウス・エセックスの経営管理者たちは自らが進歩的であるばかりか、たえず従業員に改革を受けいれる下地を培養するようにしていた。その場合でさえ、改革を導入することは研究員達が予想したほど、スムーズにはいかなかった。特に二つの問題が改革を導入したどの企業にも起こっていた。一つは、改革の導入にとても時間がかかっていること、もう一つは、改革の理念をどのように注意深く開始し、徐々に導入しても、下部の監督層や作業員はただちに反対という反応を示した。興味深いことに、改革に最も強く反対したのは、最も自信に満ち、かつ成功している人々やグループであり、労働者の中でもエリートであった。彼らは、技術変化の導入の際に、自分たちの相対的な地位が改善されるように合理的戦略的に反対しているようである。

研究員達が、分類した製品の範疇は三つである。即ち、変化がほとんどなく開発も緩やかなしっかり固まった安定的な製品、かなり変化に富み開発が急速な進歩の早い製品、および価値づけ可能な専門製品である。第二の種類の製品を製造していた企業は、追跡調査に二社含まれていたが、組織変革が対照的な結果をもたらしていたことが興味深い。

双方の会社には、新製品や改良品を生産ラインに持ち込む方法として、エンジニアリング部と呼ばれる特別な部門が設立され、開発部門と生産部門間のギャップの橋渡しと調整をしていた。ところが、一方の企業は、このエンジニアリング部がきちんと機能して諸問題を克服していたのに対し、もう一方の企業は完全に失敗し、わずか九カ月で部門を閉鎖した。これは、技術も似ており、組織もどちらかといえば有機的な傾向にあって似ていたため、技術と組織以外の要因に違いがあるといわざるを得ない。本書では、企業の中で橋渡しするギャップが前者が社の歴史も浅く、普段からコミュニケーションがよりスムーズだったのに対し、後者が歴史が長く、部門間の反目があり、コミュニケーションギャップが大きすぎたことをあげている。

ケース・スタディでとりあげた三つの会社のうち、C社は、技術変革が直接生産システムに影響を与えることが少ないケースであった。したがって、C社のケースは装置産業の技術とそれに付随する環境的な諸要求が、どのように調和のとれた社会関係を育成する条件をつくるのかを明らかにするのに典型的な例として紹介されている。

C社では、部門を代表する管理者間の相互交流が密に行われていて、プラントの生産工程が合理化されて一つのルーティンになっており、管理者間の交流もこのルーティンに結びついていたため、職場の雰囲気は静穏で圧迫感がまったくなかった。しかし、一旦危機的な有事が発生したときには、いろいろな意思決定が下位階層に委譲され、すばやい意思決定を可能にしていた。これは普段からの接触が、管理者層に信頼感を醸成していたからだといえる。また、この会社では、いったん決まったことが覆されることが最も少なく、最高執行責任者が労組の役員やその他工場に訪れる人々と一緒に過

図表 2-6　単品生産からバッチ生産に移っていく各企業の相違点

区　分	A社	A/1社	A/2社	A/3社
もとの分類	単品生産	単品生産	小規模なバッチ生産	単品生産と小規模なバッチ生産
企業規模	2,001～4,000	501～1,000	1,000～2,000	1,001～2,000
技術改革	大部分の部品を標準化	すべての製品の部品を標準化	若干の生産のみを標準化	若干の製品の部品のみを標準化
環境の変化	新しい企業主	新しい建物	新しい企業主	生産計画にコンピュータを導入
目標の変化	なし	なし	マーケットの変更	なし
組立上のレイアウト	製品によるレイアウト	プロセスによるレイアウト	製品によるレイアウト	プロセスによるレイアウト

出所：Woodward, J., *op. cit.*, 1965, p. 216.（前掲訳書，255 頁。）

ごす時間が最も多かった。

A社は単品生産と小規模バッチ生産から大規模バッチ生産へ、B社は、装置産業から大規模バッチ生産を付加するということで、技術改革が生産システムに大きな変化をもたらしていた。両者とも、従業員は、改革が行われる前よりも会社が騒がしく働きづらいところになったという印象を持っていた。

第一〇章の最後では、ウッドワードは次の二点を指摘している。まず、技術改革が生産システムに大きな変化をもたらすことから技術と組織の関係が最も露わに出てきそうな単品生産や装置生産からバッチ生産に移行せざるを得なかった計画を集中的に研究すべきだということ。次に、ウッドワードら社会科学者の研究手法がサウス・エセックスの経営者や従業員に理解されるようになったことが、かえって後の調査やヒアリングにバイアスをかけた情報をもたらす可能性があるということである。

第一一章では、組織と行動の最も難しい問題が生じるバッチ生産の領域に入ってくる企業に関するケース・スタディを紹介している。A社と同様に、調査の最終段階で研究した三社（A／1、A／2、A／3社）も技術改革の結果として変化が導入されたが、その細目に関しては、図表2－6に示したように異なっていた。

規模に関しては、A／1社、A／2社、A／3社は、A社よりも小さかった。A社は、二〇〇〇～四〇〇〇人の従業員を抱えるサウス・エセックスでも数少ない企業の一つであるが、三社のうち二社は一〇〇〇～二〇〇〇人規模にあたり、一社は一〇〇〇人以下の規模であった。技術変革に順応するスピードに規模の違いはあまり関係ないようである。

A社を含めた四社の特徴は、相互作用のパターンや地位関係、設計変更に関する他部門の反応や管理体系という四つの点からまとめられている。まず、相互作用のパターンとして、単品生産からバッチ生産への移行により、次のようなコミュニケーション上の問題が生じていた。単品生産にともなうコミュニケーション・ネットワークの特徴は、部門を越えた横のコミュニケーションが重視されることである。しかし、大規模バッチ生産のコミュニケーションはほとんど各業務機能内で事足りてしまう。四社とも、単品生産だった時代の横のコミュニケーションのかたちを残したまま、機能内の複雑なコミュニケーションを作り上げたため、管理者、監督者層はコミュニケーションにとられる時間的な圧迫感が強くなったのである。A／1社、A／2社、A／3社で実施した改革前と改革後の生産管理課業の相互作用のパターンとそれにかかった時間コストの調査が、管理者や監督者らの圧迫感を裏付けている。その調査から出てきた興味深い問題点は、どの生産管理課長も、改革が行われた後では一人で過ごす時間が少なくなって、一日のうちに、他の人々と接触する平均回数が増えた。しかし、上司との接触に割く時間が増えて、他部門の同僚と過ごす時間が少なくなったことが分かる。A／3社では、研究した残りのどの企業よりも、技術改革に伴って労働争議が多くなった。その理由として、生産管理課長が、現場の諸問題の改革に積極的に取り組んでいたにもかかわらず、改革にともなって生産現場のことにあまり深く関与しなくなったことへの作業員の憤慨が考えられる。また、この労使関係の悪化は、生産管理課長の抜けた穴を職長らがうまく埋める準備ができていなかったことも原因の一つであろう。

次に地位関係に関しては、従来の開発部門によるエリート集団とあらたに大バッチ・標準生産を導入するために地位が格段に上がった生産機能が生まれたことが、組織内の地位をめぐる闘争をどこの組織でも引き起こしていたことが分かっている。生産作業の監督から生産の執行管理を切り離すことによって、ライン監督層やミドル管理層の権限、地位、支配領域が縮小したため、生産部門内の分裂も同時に生じている。この地位関係の変化が、特に設計変更の際に、開発エンジニアと生産スタッフとの間にかなり深刻な摩擦を引き起こしていた。例えばA社では、以前と比較して、設計変更が引き起こす打撃が大きいばかりではなく、設計変更自体の頻度も多いことが分かっている。

三つ目の設計変更に対する他部門の反応については、明らかに設計部門に同情的であった。即ち、生産機能の拡大と地位の向上によって、例えば、製図工や検査スタッフも設計部門と同様に、地位が落ちたと感じていた。会社に混乱や摩擦をもたらす設計変更に関しても、新しい手続きを無視して、設計部門と直接やりとりができる機会として、むしろ歓迎される傾向があった。

四つ目の管理体系について興味深い事実は、生産部門のライン監督者らによる設計変更に対する態度の変化である。以前、生産全般に責任を負っていたライン監督者にとって、設計変更は、仕事をやりにくくするため、開発エンジニアとの摩擦の源泉であった。しかし、今やより上部の生産の執行責任者が設計変更に対する対応をすることになったため、設計変更の発生は、自分たちの失敗に対する絶好の言い訳にすることができるようになった。責任の所在が分散されたことによって、生産全体に責任を持つ当事者意識が現場監督者から薄れていったことは間違いない。A／3社のみは、生産の執行管理と生産作業の監督に責任を持つ人々の間に摩擦を生んでいなかった。その理由は、一つは、コンピュータの導入を積極的に行った結果、ライン監督者は、コンピュータの出した結果に文句をつけられないということと、もう一つは、新しい生産執行管理スタッフが、生産現場から抜擢された熟練工らであり、生産方法の改革で昇進のチャンスが開けるという全体的にも良い刺激となっていたことが考えられる。

生産システムの合理化は、作業員や監督者グループの仕事内容を左右するばかりではなく、仕事の文脈をも左右する。個々人により自由裁量の余地を少なくし、個人間の直接的な接触による調整を、環境内にある諸要因の相互作用を通じたより高次なレベルの調整に置き換える。こうした諸問題にもかかわらず、生産システムの合理化が業績向上に結びついたかについては定かではない。A社は確かに新しい生産方法から利益が得られているようであるが、A／1社やA／3社では、新しい合理的な生産技術から得られた評価は決してよくない。ウッドワードらは、この結果から、合理化された生産技術の導入よりも、ライン監督者の能力改善を体系的に行うことのほうが、もっとうまく達成できたかもしれないとコメントしている。

装置生産の範疇からバッチ生産に乗り出したB社では、製品を包装化して大量生産に乗り出すというバッチ生産にあたる部分を独立的に組織化していた。したがって、装置生産と大量バッチ生産の間にさまざまな壁ができ、問題を深刻化していた。問題に対処するプロセスを分析するため、B／1社を研究する際には、注意の焦点を序列階層のトップにおいた。最高執行責任者は、明らかに仕事中に受ける圧迫感が増えていた。上級経営管理層にある意見の食い違いを処理したり、技術的な意思決定をする時間が増えた。また、日課となっていたプラントの見回りに割ける時間が削られ、労働組合の役員らと接触する時間も減った。これは、労使関係に関する決定もミドル管理層や人事部で行われることが多くなり、苦情の処理が遅れることで労使関係の雲行きもあやしくなっていった。また、人事管理を担当する者も、プラントに関する状況と組立ラインに関する状況が根本的に異なることを理解できず、自分たちに二種類の役割が同時にかかっていることも理解できていなかった。

ウッドワードらの研究アプローチは、基礎的なサーヴェイと後に実施した詳細なケース・スタディであるが、アプローチが異なると同じ企業でも得られる全体像が異なっていた。分析が深まるにつれて、企業間の類似性よりも異質性が目立つようになりがちだったからである。異質性が明白になったのは、非公式な組織での働き方を研究できたからである。公式な組織が機能しないところで非公式な組織が機能することによって、組織目標が達成されることもある。改革へのうまい適応方法として、非公式な組織にも考慮しながら、技術改革と組織改革を同時に導入するほうがよいようである。

最後の第一二章では、一九五三年から一九六三年の組織理論の発展についてまとめている。ウッドワードらの研究は、一〇年間にわたって行われてきたが、この間に経営管理行動に関する経験的な研究が数多く実施されるようになったばかりか、組織理論上の学派もいくつか出てきた。ウッドワードらは、『古典的経営理論』という語句をテイラーやファヨールらの人々が発展させた組織に関する体系的な知識を示すのに使ってきた。この知識体系に『古典的』という形容詞がつけられたのは、ウッドワードらが研究を続けている最中であったが、彼女らの調査で得た最初のデータ分析には、バーンズの有機的組織体系と機械的組織体系の区別と古典的経営理論の概念や考え方に基づいて行っている。

ウッドワードらの研究成果は結局、古典的経営理論の諸法則が必ずしも現実には働かないということを実証したのであるが、これはホーソン実験を行った人々が到達した結論でもある。社会科学者たちが経営学の分野に乗り出してきたのは、組織内の階層レベルを問わず、組織目標を支えているものと同じ合理性のシステム内でも、人々は必ずしも一貫して合理的に行動するものではない、という仮定を証明するためであった。

従来は、古典的経営理論家も社会科学者も大体において、たがいが非常にうまく両立し、共存できるように、次の二つの方法で折り合いをつけてきた。まず、第一に、組織理論が説明する現象は社会科学が説明する現象と違い、前者がマクロ的アプローチと結びついているのに対し、後者はミクロ的アプローチと結びついていていること。第二に、公式組織を研究するのが組織理論家の領分であると考えられるようになったのに対し、非公式組織は社会科学による調査研究の主題となっていたことである。しかし、ウッドワードらがサウス・イースト・エセックス大学で行った調査研究では、組織の研究は、どんな表面的な分析であれ、公式な組織のパターンや諸問題だけでなく、非公式な組織のパターンや諸問題にも触れるようにならざるを得ないことが分かってきた。

経営管理の原則は、結局同じ原則でも状況が違えばいろいろと違った結果をもたらす可能性があるということであり、原則自体が無意味ということではない。包括的な組織理論を発展させる上での中心問題は、組織内の行動を標準化し、予見しうるものにする諸条件の決定である。ウッドワードらの研究はそういった問題の解決に貢献した。

一九六一年にクーンツ（H. Koontz）が「経営管理論のジャングル」と呼んだものの範囲内では、多様な中でも一貫したものがいくつか見られる。つまり、組織理論や組織問題に対するアプローチには、少なくとも四つの別個なアプローチがあることが確認できる。第一のアプローチは、社会学的アプローチである。このアプローチは社会システムの概念が根本になる。第二のアプローチは、心理学によるアプローチであり、第三のアプローチはカーネギー工科大学で開発された意思決定論によるアプローチである。最後のアプローチが数学的アプローチであるが、これは、経営学や組織を扱うための学問の道具として数学の使用を提唱するという段階を越え、組織を数学的プロセスからなる一つのシステムだと見るのである。

いずれにしても最終的な理論形成という観点からすれば、いろいろな学派がこぞって自分たちはシステムの研究に取り組んでいると考え始めている事実がより重要であろう。即ち、そのアプローチが基本的に数学的であろうと、心理学的であろうと、社会学的であろうと、経済学的であろうと、出発点はシステムを明らかにすることなので、追求する諸問題も非常によく似たものになるということである。この一〇年の理論的発展について、ウッドワードは、ほとんど変わっていないと結論付けている。

ウッドワードが掲げている課題として、大学の研究者と実践の場にいる経営管理者らとのギャップがある。経営学の著作物が極めて抽象的理論的であるために分かりにくい上、経営管理上の諸問題は性格上、さまざまな学問分野が交じり合って利用されるため、経営学教育に必要な知的構えを経営管理者に提供してこなかったことが原因である。他方で、経営管理層はともすれば、イデオロギー信奉に陥り、個人的な指導性や有効な価値ある教育法が「やりながら学ぶ」というものしかなく、実のある知識はもっぱら体験を通じて獲得するものだという信念を強調してしまう。

「新しい企業組織」の諸調査では、企業や経営管理者の成功した理由について、もっと詳しく記述できることが明らかになった。経営管理の技術は、あまり体験のない人でも記述し、分析し、学び、繰り返し行うことができる。したがって、経営管理者層と経営学者は今以上に互いにもっと緊密に連絡しあい、もっとよいバランスを維持していく必要があるとウッドワードは結んでいる。

第四節　ウッドワードと社会―技術システム論

ウッドワードの研究が半世紀を越えて学術業界に大きな影響を与えている理由を改めて考えてみると、以下のようにいえるであろう。

まず第一に、彼女は技術と組織構造の関係を明らかにし、技術（内部環境）と組織構造が適合すれば業績がよいと主張した。これは状況適合理論の命題であり、彼女は古典的経営学と人間関係論の両学派を超えざるを得ないという結論に達した。しかし、ウッドワードの生産技術の発展は、もっぱら機械に体化された技術であって、人間の問題解決能力である技能に特有の性質を問題にしているわけではない(1)。

現代社会において、組織における「技術」は工学的技術だけではなく、最近の戦略的人的資源管理に見られるような人間の問題解決（技能）も広い意味での技術として重要になってきている。ペローは、インプットをアウトプットに変換する、認知や知識に関わる人間の問題解決過程を技術概念と関連づけている(2)。さらに、トリストらの研究では、オープン・システム・アプローチを提唱し、組織は技術システムと社会システムの両方の性質を持つ社会―技術システムであることが明らかにされた。彼らは、組織が社会システムと技術システムの同時最適化、およびオープン・システムとしての外的関係の最適化であれば、高業績に結びつくと主張した。それを検証できるのが自動車産業におけるボルボモデルやトヨタ生産方式である。

第二に、ウッドワードの研究が技術と組織と業績に一定の結びつきのあることが実証されたことはよく知られているが、彼女らが社会システムの重要性に気がついたことも評価したい。彼女らは、ある企業環境の中で、技術が企業内の社会的機構（social structure）の定式化にどこまで影響を及ぼすか、という問題をとりあげている。ウッドワードは、企業組織について以下のように定義している。即ち、企業とは、いろいろな職場集団の構成員からなり、この職場集団が各種の企業内社会集団となって、しかも、一個の共同体を構成したものである。公式な組織は、雇われた人々が協働して目的が達成できるように考案し規定した、安定的で明示的な諸関係からなるパターンである。これに対して非公式な組織は、日々の活動から実際に生じる諸関係からなるパターンである、と。

したがって、ウッドワードの研究と社会－技術システム論との間には共通点があることが再認識できる。ここでは、ウッドワードの研究と社会－技術システム論の関連性を検討し、オープン・システムの観点から自動車産業における作業組織のあり方を実証する。

一 「技術」の概念と組織構造

生産現場における技術的効率性を追求し、「合理性」と「生産性」の原点になるのがテイラーの「科学的管理法」である。テイラーは作業の最大効率を目指して、時間・動作研究、計画と実施の分離、差別出来高賃金制など一連の生産方法により高い生産性を追求した。言い換えれば、テイラーは生産の合理性を達成するための技術的側面を強調した。
組織レベルにおいて「技術」と組織構造を語ったのがウッドワード、ペローおよびアストン・グループの研究であった。ウッドワードはサウス・エセックスで一〇〇人以上の従業員を持つ製造企業一〇〇社の実態調査を行い、技術と組織構造の関係を明らかにし、古典的経営学と人間関係論の両学派を超えざるを得ないという結論に達した。
ウッドワードは、技術の歴史的発展順序とその複雑性（生産プロセスが統制可能でその結果が予測可能である程度）が一致すると考えた。ここで、技術の発展と共に、技術自体が次第に複雑になり、それにつれて、生産プロセスを支配する因果関係はより明瞭になり、何がどれだけ生産されるかが前もって予測できるようになる。これは、生産プロセスが一義的で固定的な機械の法則に支配され、人間の仕事の遂行にまつわる不安定で不確実な要素が削除されることを意味する。即ち、ウッドワードの技術および技術の発展とは、人間によって仕事の水準が変わりうる技能（人間の問題解決能力）ではなく、機械の中に体化された、機械自体が持つ問題解決能力の発展を意味する。[3]
ウッドワードは技術についての定義と分類を以下のように記述した。生産技術は三つのタイプに大分類される。第一は、最も古く最も単純な生産形態である単品・小バッチ生産である。ここには、顧客の求めに応じて作られる単品生産、プロトタイプの生産、段階ごとに分けて行われる巨大設備の組み立て、顧客の注文に応じて製造される小規模なバッチ生産、が含まれる。第二は、単純で反復的な作業を通じて単一の製品を大量に生産する大バッチ・大量生産である。ここには、大規模なバッチ生産、流れ作業による大規模なバッチ生産、大量生産が含まれる。第三は、最も新しい複雑な生産方式で、多量の製品を絶え間なく流れるように生産する装置生産である。ここには、多目的プラントによる化学製品の断続的生産、液化装置による液体、気体、結晶体の連続生産が含まれる。

以上の三つの生産技術のタイプと組織との間には、体系的な関連があった。この関係には二種類のパターンがあり、一つは生産技術の複雑さが増大するにつれて、組織の構造特性がいわば直線的に比例して変化するものである。もう一つは技術尺度の両端、即ち単品・小バッチ生産と装置生産で、組織の構造特性が類似しているものである。

ウッドワードの調査では、技術という状況要因（内部環境）と組織構造が適合していれば、企業の業績がよいという結果になり、状況適合理論の命題が示されている。

ペローはウッドワードの「技術」概念を拡張し、「道具を使用するしないに関わらず、原材料あるいは対象を望ましい方向に変換させるために、個人がその対象に働きかける諸活動あるいは戦略の集合」と定義している[4]。岸田によれば、ペローの技術の発展あるいは複雑性は、二つの方法で解釈されることになる。一方では、複雑で高度な問題解決能力が機械の中に組み込まれ、単純な作業を行う人間には、既存のプログラム内の修正だけが可能である。他方では、機械は単純で反復的な作業を行い、人間には絶えず新たな探索プログラムの開発が必要な、複雑で高度な問題解決能力が必要とされる。またペローは分析の容易度を表す軸と例外の多少を表す軸により技術に四つの変数があることを明らかにした。①例外が少なくて分析が容易なルーティン技術（電気ストーブの発熱部品）、②例外は多いが分析は容易な工学的技術（重工業）、③例外は少ないが分析が困難なクラフト技術（特殊ガラス）、④例外が多くて分析も困難なノン・ルーティン技術（宇宙工学）である。

ペローはこのような技術類型と組織構造の間には、体系的な関連があることを主張した。なぜなら、技術はインプットをアウトプットに変換する過程に関連するが、その周りに人間の相互作用が形成されるからである。

技術の概念を体系的に扱い、人間との相互作用はオープン・システムとして分析したのが、トリストとエメリーの研究である。トリストらによると技術とは以下のように定義される。即ち、組織のサブシステムとしての技術とは、組織メンバーがタスクを遂行するため必要とされるツール、手順、スキル、知識である。

トリストらの研究では、作業組織が両方のシステムの性質を持つ社会―技術システムであることが明らかにされた。この主張には、次の二つの根本的な前提がある。第一に、作業組織は、社会的要素と技術的要素からなる全体である。第二に、この全体が生存し成長するためには、その環境と効果的に関連しなければならない。前者は社会システムと技術システムの同時最適化の問題であり、後者はオープン・システムとしての外的関係の最適化の問題である。

二　ウッドワードの研究における社会システム

ウッドワードらは技術の変化は組織構造にどのような影響を与えるかを究明するため、技術改革が行われている七社の企業を再訪問し、その公式化が管理体制に及ぼす諸効果を調べた。彼らはA社およびA／1社、A／2社、A／3社を紹介し、新しい技術の導入に伴い難しい問題が生じることを明らかにした。

A社を含めた四社の特徴は、相互作用のパターンや地位関係、設計変更に関する他部門の反応や管理体系という四つの点からまとめられている。

まず、相互作用のパターンとして、単品生産からバッチ生産への移行により、コミュニケーション上の問題が生じていた。つまり技術の移行は、開発、生産およびマーケティングの主要な機能のそれぞれの内部に桁違いに複雑なコミュニケーションのネットワークを作り上げると同時に前々からある簡素な横割りのコミュニケーションをもそのまま維持していかなければならないことから、生産に必要とするコミュニケーションをとりにくくなった。

次に、地位関係に関しては、従来の開発部門によるエリート集団と新たに大バッチ・標準生産を導入するため地位が格段にあがった生産機能が生まれたことが、組織内の地位を巡る闘争をどこの組織でも引き起こしていたことが分かっている。

さらに、設計変更に関する他部門の反応については、明らかに設計部門に同情的であった。即ち、生産機能の拡大と地位の向上によって、例えば、製図工や検査スタッフも設計部門と同様に地位が落ちたと感じていた。

最後に、管理体系について興味深い事実は、生産部門のライン監督者らによる設計変更に対する態度の変化である。仕事に対する責任の所在が分散されたことによって、生産全体に責任を持つ当事者意識が現場監督者から薄れていった。

以上の変化から生産システムの合理化は、作業員や監督者グループの仕事内容を左右するばかりではなく、仕事の文脈をも左右することが分かった。個人の自由裁量の余地を少なくし、個人間の直接的な接触による調整を、環境内にある諸要因の相互作用を通じてより高次なレベルの調整に置き換える。

確かに、諸問題の発生にも関わらず、生産システムの合理化が業績向上に結びついたことがあった。しかし、業績を安定させるために、問題解決も必要になってくることが明らかになった。また、技術システムの最適化を求める際、企業内の社会的機構の問題が生じることも示されていた。したがって、社会システムの最適化を配慮しなければならない。

三　社会－技術システム論とその実践

一九四五年に設立されたタヴィストック人間関係研究所では、トリストとエメリーを中心に研究を行い、組織を技術システムの側面から見る「静態的構造学派」と、組織を社会システムとみる「均衡学派」を超えて、組織を「社会－技術システム」とみる統合的な視点が提示された(5)。

社会－技術システムとは、社会的要素と技術的要素が「システム」として、統合されるということである。岸田(6)によれば組織は、二つのハンドルのついた鋸を操作する二人の樵を考えれば分かりやすい。ここでの社会システムとは、二人の樵と彼らの対人関係であり、生物的および社会的・心理的原則が二人の社会関係を支配する。技術システムとは鋸とそれを操作する知識であり、機械的法則が鋸の操作を決定する。両者の法則は異なっているため、二つのシステムは独立していると考えられる。しかし、木を切るためには両者は協働しなければならない。即ち、社会システムと技術システムとは、独立しているが関連しあっており、両者は組織化された全体を構成するのである。

この社会システムと技術システムの同時最適化が社会—技術システム論の焦点である。即ち、企業の設備体系によって構成される技術システムとそこで働く人間によって構成される社会システムは、一方が他方を一義的に規定する関係にあるのではなく、それらは相互に相対的に独立性を保ちながら相互作用しているのであり、組織全体の有効性を高めるには、両者の最適な結合が望ましいということである。(7)

したがって、社会—技術システム論の特徴は以下のようにまとめられる。第一に、組織は環境と相互作用を行うオープンな社会—技術システムである。第二に、社会システムと技術システムは相互に独立しているが影響し合うシステムであり、これらのシステムの間には一義的な関係は存在しない。第三に、組織全体のパフォーマンスを高めるためには、それを構成するシステムすべての同時最適化が必要である。第四に、その際、技術システム自体も選択され、開発されうる。第五に、その具体的な作業システムの設計として責任ある自律的作業集団が有効なものと考えられた。

自律的作業集団を実践したのがボルボ社である。ボルボ社は一九七四年から一〇年間をかけて、カルマル（Kalmar）工場とウッデバラ工場（Uddevalla）の生産ラインを改革することにより、ボルボモデルを作り上げ、社会システムと技術システムの同時最適化を図ることを試みた。

例えば、カルマル工場は生産技術上で四つの変革を行った。①ベルト・コンベヤーの廃止、②ドック組立方式（平行的ステーション生産システム）の試行、③直線組立方式の併用、④キャリア自走式の台車の採用、⑤バッファ・ストックの設置である。その結果、工場の投資額は約一〇％上がったが、品質・工数は他の工場と同程度で、監督者数は少なくて済み、生産の再調整等の弾力性が増した。また、欠勤率・退職率は低くなった。

さらに、一〇年後カルマル工場では、生産システム上の新たな変革を行った。①ドック組立方式は廃止されたが、ベルト・コンベヤーは依然として使われていない。②自律的作業集団には品質のコントロール、調整の権限、責任といった点で労働者のコントロールする範囲がむしろ拡大した。

さらに、一九八五年にはボルボ社は「品質、フレキシビリティ、人的投資」という目標を目指して、国内第三番目の工場であるウッデバラ（Uddevalla）を改革し始めた。カルマル工場と比べると、①直線組立方式から並行組立方式に変更した。②課業に就く前の事前研修を強化し、熟練労働者のスキルの高度化に努めた。③カルマル工場で行っていたコンピュータによる中央統制をやめ、課業の標準化を廃止した。④グループのリーダーをローテーションによって決め、自律性をさらに強化した。この工場での試みは成功し、一九九四年まで、ボルボの主要な工場と同じ生産性をあげており、組立時間は主工場であるトーシュランダの一台当り約四二時間に対して三二時間と低い数字を示した。品質もかなり改善され、一九九二年には一台当りの不良率が二七%に減少した(8)。ウッドワードの研究では、技術変化に伴い職場内でのコミュニケーションなど社内の「社会構造」の混乱という問題が生じた。一方、ボルボモデルのケースは、社会システムと技術システムの同時最適化を目指すための技術改革(作業組織の改革)であるため、高い業績を上げた。ボルボモデルは人間の柔軟性を通じて環境変化に適応することが強調されている。したがって、これをオープンな社会―技術システムとして位置づけられる。

さらに、ボルボモデルを超えて、社会システムと技術システムの最適化を常に追求しているのがトヨタ生産方式(TPS)である。トヨタはリーン生産システムにおいて技術システムを定着し、トヨタウェイを社内で徹底的に浸透させていくことにより社会システムを整えつつある。リーン生産システムはいわゆるJust-in-time生産方式と自働化を中心とする一連の生産方法である。トヨタの社会システムは継続的改善、全員参加マネジメントというコンセプトに基づいた仕組である。ただし、トヨタ生産方式も技術システムを優先させたものであるため、「オープンな技術―社会システム」として位置付けられる。

ボルボモデルとトヨタモデルは、社会―技術システム論を軸として発展した生産方式であるが、なおそれぞれ社会システム、技術システムを優先させているという意味で、真の統合とは言いがたい。今後真に統合的なモデルを検討する必要がある。

第五節　ウッドワードと組織変革

ウッドワードの研究成果は、経営学者のクーンツが一九六一年に発表した論文の中で指摘した「経営管理論のジャングル」と呼ばれた時代に生まれた。アメリカの経営研究は一種の混乱状態にあり、主要な理論がそれぞれの存在性を主張して入り乱れており、一九六〇年代に、経営理論の性格や将来の発展方向をめぐって活発な議論が展開された。一九六二年には、カリフォルニア大学でシンポジウムが開催されたが、そこでは方法論上の見解の相違が浮き彫りになった。クーンツは当時、経営に対する異なったアプローチは、経営の問題を研究する際の知的な分業であるとし、経営理論統一の方法は、「折衷的アプローチ」であると主張している。

同時期のイギリスでは、状況適合理論の嚆矢とされる諸研究が生まれていた。一九六〇年代のイギリスでの実証研究の一つである電子機器産業の調査で、バーンズとストーカー（T. Burnz and G. M. Stalker）は、技術革新の速さと組織構造の間に一定の関係があることを見出した。環境が安定している製造現場などでは、職務をはっきり規定する機械的組織が適し、逆に新しい事態が絶えず発生するような研究開発の現場などでは、個々人の自発性を尊重する有機的組織が適している。したがって、彼らは環境の条件に関わりなく最も効率的な組織があるという立場を批判した(9)。

ウッドワードは、この研究に基づき、組織の分類を考えているが、その上で、工場での効率的な組織は、その工場で用いられている生産技術次第であると考え、技術と組織構造の関係について、生産のタイプを分類し、当時の組織構造や管理プロセスと技術との関係を詳細な事例研究によって記述した。

伝統的な経営学が教える管理上の諸原理は、「大規模なバッチ生産および大量生産」を近代企業の典型的な生産システムとみなして、効果的な組織形態や管理手法を助言している。しかし、ウッドワードは、当時の企業には、明らかに「大規模なバッチ生産および大量生産」とは異なる生産システムがあり、それらのシステムのもとでは、別の組織形態と管理方法がより効果的であることを見出した。この点を無視して、一律の組織形態や管理方法を助言するのは有害無益であるとして、伝統的な経営学を批判している。

ウッドワードは技術と組織構造が適合していれば、企業の業績が良いという状況適合理論の命題を示したことで、経営学説史上で重要な業績を残しているが、本節では、ウッドワードとその研究員らが見出し、記述した組織変革のプロセスに注目する。現代では、組織変革の概念は整理されているが、ウッドワードらが活躍した当時、技術変化に伴う構造変化だけでなく、その変革のプロセス、変革に伴う人々の心情についての記述が明確になされていることは稀有である。また、『新しい企業組織』が出版された一九六五年のわずか二年後に、組織変革のプロセスの典型としてしばしば引用されるグライナー（L. E. Greiner）の論文が公表されたことは、当時の技術革新の重要性を明らかにすると同時に、経営者の変革への組織的対応に関するニーズが高まってきたことも示しているのではないか。

一九六〇年代は組織環境の変動の激しい時期であったが、この時期にこうした変動のなかで組織をいかに再編成し、いかに変化に対する適応力を高めるかが経営実践上のテーマであった。その中でグライナーは、これまで行われた組織変革に関する実証的研究を通覧し、成功した組織変革の共通したパターンを六つの段階に分けて一般化した。

組織変革に関するグライナーの基礎的な考え方は、
①変革の成功は、基本的に組織構造内部における権限の再配分に依存している。
②権限の位置の再配分は組織変革の展開のプロセスを通じて行われる。
の二つであり、変革のプロセスは六つの段階を順序を追って進展するという。

まず第一段階の「圧力―発奮」は、組織変革の契機の発見とトップによる組織変革の宣言である。第二段階が、「介入―再調整」であり、組織変革の問題を認識し、実際の行動に移すまでに、トップ・マネジメントへの外部からの介入ないしは刺激と問題の再調整が必要となる。変革の方向性を認識し、組織内で取り組むことが可能なことでなければ、変革は失敗してしまう。第三段階の「診断―認識」が組織問題の確認であり、このプロセスはトップに始まり、徐々に組織階層を通って下位に移動していく。この段階を通じて権限の位置や変革に対する分担方式が展開され、トップの経営者は問題の性質について部下と協議し、意思決定過程には他の者を介入させる意思があることが確認される。第四段階の「創案―献身」段階は、解決策の創案と組織関係者のそれへの献身である。ここで特筆すべきは組織への新参者が重要な役割を演じたことである。組織変革が失敗した場合はこの第四段階まで至ることはないという。第五段階の「実験—探求」段階は、本格的な組織変革の実施前の対策の吟味の段階である。第六段階の「補強—需要」段階は、組織変革の一応の完成段階である。この結果、組織行動が改善されるのであるが、さらに組織のすべてのレベルで組織変革に対する強力な支持がかなりはっきりみられるようになる。組織変革の成功は組織内のあらゆるレベルの人々の相互作用の結果であり、基本的にすべての人々に受容され支持されるものである[10]。

ウッドワードは、改革に関する研究に三つのタイプがあると述べている。一つは、改革への普遍的な抵抗に伴う諸問題を考察するもの、もう一つが、改革に伴う初期の諸変動が過ぎても残っている作業の組織化における諸改革のより長期的な効果を扱うものである。三つ目が、特殊な技術改革による組織と経営管理の諸問題であるが、改革においてこれらの三つのタイプの現象を区別することは難しい。

ウッドワードは、第一一章において「組織の使用している技術が変化するときに、社会的要因の変化が同時に生じる。」と述べているが、この点が、変革プロセスに関する重要な示唆を示している。

例えば、大量生産・バッチ生産システムは、必然的に権限の集中化や手順、手続きの標準化を促すため、官僚制システムを強化する。そのことにより柔軟性の発揮がしにくく、改革が難しいという側面が生まれる。他方、単品・小バッチ生産は、個々の作業者の高度な技能に依存するので、彼らの自律性を許容し、分散的な意思決定方式を採用せざるを得ない。したがって、官僚制を抑制し、柔軟性を発揮しやすくする。

第三部で明らかになった大量生産・バッチ生産システムへの変革は、既存の組織構造を再編成することにつながり、長い期間をかけて確立されてきた社会的な集団を断ち切ることになった。かつて、セルズニックが温情主義から合理主義への移行による負の側面（官僚制の意図せざる結果）を明らかにしたが、ウッドワードの分析した組織変革にも同様のことがうかがえる。

また、ウッドワードは、『新しい企業組織』の第一〇章において、ケース・スタディにより、研究員の予想以上に改革の導入がスムーズにいかなかった問題点を二つ指摘している。

①改革を開始し実行しても、これがきわめてゆっくりしたプロセスに変わってしまう。

②改革の理念をどんなに注意深く、徐々に導入しても下部の監督層や作業員はただちに反対という反応をした。

組織に何らかの変化を生じさせようとすれば、当然それぞれの立場や価値観に基づいて、組織内でさまざまなメンバー間のダイナミズムが生じる。それらのダイナミズムをうまくマネジメントすることができなければ、変革の試みはかえって組織を混乱に陥らせるだけで、何の成果も得られない。マネジメントのこつともいえる第一の手法は、変革のアイデアを集めて一つの方向に決める創始の時期と、変革を実施する時期、その変革の成果を定着させる時期といったように、変革の経過に合わせた手法をとることである。第二の手法は、変革に対するさまざまな立場の組織メンバーを見極め、トップやそれぞれの部署の管理者がうまく働きかけていくことである。例えば、筆者は四つの組織メンバーのタイプ―チェンジ・エージェント、野党的存在、フォロワー（追随者）、頑固者―を区別して、変革のダイナミクスを捉えようとした。

まず、現状に危機感を感じている変革に関するアイデアを出し組織をリードしようとするチェンジ・エージェントは、トップ自らがチェンジ・エージェントになることもあるが、そうでない場合は、トップからエンパワーメントされたチェンジ・エージェントがその後の変革を牽引する鍵となる人物である。変革の方向性が定まるまでは、変革に対し能動的ではあるが、チェンジ・エージェントと異なったアイデアを主張する野党的存在が混在している。変革の方向性を決定するため、チェンジ・エージェントと野党的存在との相互作用や建設的討議から変革に関するビジョンが決まる。変革の方向性が定まり、その他の組織メンバーを巻き込む段階では、変革へのアクションを受容するフォロワーと変革へのアクションに抵抗する頑固者を見極め、変革のアクションへの動機づけをうまくしていく必要がある。フォロワーの中で変革に関する自律的な行動を取れるメンバーが増えていけば、多くの部署が活性化する可能性が高まる。他方、頑固者の中でも、しぶしぶながら変革へのアクションに賛同するメンバーが出てくるかもしれない。そういったメンバーはフォロワーとなるが、最後まで抵抗する頑固者の存在をいかに無害なものにするかがトップや管理者の手腕が問われるところであろう。また、変革の創始の段階で、チェンジ・エージェントと野党的存在が混在することは、その変革が誤った方向に進んでいくことを防ぐ作用もある。チェンジ・エージェントとフォロワーだけの組織は集団浅慮に陥る危険性を秘めている(11)。

こうした変革のダイナミズムに関して、「組織上の決定は一夜にしてかわっても、新しい役割に人が対応するにはのろのろと時間がかかった。」とウッドワードらは述べているが、これは、計画と実施の分離による問題であり、改革の際の実施側による抵抗は、改革の創始の段階で主要メンバーをうまく巻き込めなかったことにある。実際、ウッドワードらは、改革に最も強く反対したのは、最も自信に満ち、かつ成功している人々やグループであり、労働者の中でもエリートであったと記述している。変革によって自分達の相対的な地位が脅かされるのではなく、改善されるように合理的戦略的に反対していることから、「野党的存在」であるといえる。彼らをどのように説得し、協力させるかがマネジメントで問われることになる。

さらに、ウッドワードらは、変化に富み開発が急速な進歩の早い製品を製造していた二つの会社の組織変革が対照的な結果をもたらしていたことを発見している。二社とも、新製品や改良品を生産ラインに持ち込む方法として、エンジニアリング部と呼ばれる特別な部門を設立し、開発部門と生産部門間のギャップの橋渡しと調整をしていた。一方の企業は、このエンジニアリング部門がきちんと機能して諸問題を克服していたのに対し、もう一方の企業は完全に失敗し、わずか九カ月で部門を閉鎖した。両者とも、技術も似ており、組織もどちらかといえば有機的な傾向にあって似ていたために、技術と組織以外の要因に違いがあるととらえ、ウッドワードは次のように推測している。成功した企業は、会社の歴史が浅く、普段からコミュニケーションがよりスムーズだったのに対し、失敗した企業は、歴史が長く、部門間の反目があり、コミュニケーションギャップが大きすぎたからである、と。

エンジニアリング部門の成功例と失敗例は、組織設計におけるガルブレイスの議論、またグライナーの議論によって次のように分析できる。ガルブレイスは、課業の不確実性の増大にしたがって変化する組織デザイン戦略を整理し、情報処理の必要性を減らす方法と情報処理能力を増大させる方法の二つの戦略があるとしている。前者には、スラックの捻出と自律的な課業の統括があり、後者には、垂直的情報システムの充実と、水平的関係の確立がある。ウッドワードの変革プロセスにおけるエンジニアリング部の設立は、ガルブレイスのいう水平的関係の確立に該当する。

水平的確立とは、各職能にまたがる共同決定による調整を達成するという組織戦略であり、直接の接触から始まって、連絡役（リエゾンロール）、タスク・フォース、チームへと発展していく。さらに新製品導入への圧力が増大し、継続的に技術革新を行っていくためには、調整のために統合者が必要となり、統合部門が形成されることになる。エンジニアリング部の確立はまさに統合部門に相当する(12)。

ウッドワードが調査した二社は、開発を急速に進め、その製品の製造を可能にするために、統合部門を設立するという組織戦略をとったこと自体に誤りはない。しかし、成否を分けたのは、グライナーの主張によれば、その組織構造内の権力の再配分であり、第四段階の組織成員の巻き込みであろう。失敗した企業では、部門間の壁が高く、歴史が長かったために部門ごとの権力が強く、エンジニアリング部の調整に必要な大きな権力を持たせることができなかった。また、組織のトップの意図が、主要部門の管理職に伝わっておらず、水平的関係の確立を機能させるために組織成員による協力が得られなかったことが問題であった。

ウッドワードらが『新しい企業組織』を執筆した時期は、グライナーの組織変革の理論が整えられた時期とほぼ一致しており、当時、技術革新に関する組織的対応の諸問題が、ウッドワードらの研究にもクローズアップすべきトピックとして、ケース・スタディの中に詳細に記述されていることは特筆すべきことであろう。

（寺澤　朝子・趙　偉）

注

（1）岸田民樹編著『現代経営組織論』有斐閣、二〇〇五年、一八頁。
（2）岸田民樹・田中政光『経営学説史』有斐閣、二〇〇九年、一七八頁。
（3）同書、一七三頁。
（4）同書、一七八頁。
（5）同書、七〇頁。
（6）赤岡　功・岸田民樹・中川多喜雄『経営労務』有斐閣、一九八九年、四二頁。
（7）岸田民樹『経営組織と環境適応』三嶺書房、一九八五年。
（8）Berggren, C. *Alternatives to Lean Production: Work Organization in the Swedish Auto Industry*, Ichaca, New York, Cornell University Press, 1992.（丸山恵也・黒川文子訳『ボルボの経験―リーン生産方式のオルタナティブ―』中央経済社、一九九七年、二八六頁。）
（9）土屋守章・二村敏子責任編集『現代経営学説の系譜』有斐閣、一九八九年、二一〇頁。

（10）Greiner, L. E., "Patterns of organizational change," *Harvard Business Review*, May-June, 1967, pp. 119–130. 一寸木俊昭編『現代経営学入門』有斐閣、一九八一年、八七－八八頁。

（11）寺澤朝子『個人と組織変化—意味充実人の視点から—』文眞堂、二〇〇八年、一四三－一四七頁。

（12）岸田、前掲書、一九八五年、一一八－一二〇頁。

第三章　技術とコントロールの関係性
――主要編著『技術と組織行動』の概要と評価――

第一節　ウッドワード（一九七〇）の要諦と意義

本節では、第一にWoodward, J. ed., *Industrial Organization: Behaviour and Control*, London, Oxford University Press, 1970（都筑　栄・宮城浩祐・風間禎三郎訳『技術と組織行動―サウス・エセックス研究その後の展開―』日本能率協会、一九七一年）の全体像を紹介し、そこで扱われた各事例の位置づけ、研究の意義、明らかとなった課題について述べる。

本書の冒頭では「本書の概要」として、本書全体の構成・俯瞰と前著『新しい企業組織』との関わりが述べられている。まずはそこから見ていくことにしよう。

産業社会学では、組織構造や組織過程が技術と因果関係を有することは通説になっている。しかしながら、伝統的な組織理論の立場では、組織には普遍的な構造があるはずであり、企業の運営方法には唯一最善の包括的なものがあるはずだとする信念を基礎に形成されており、技術を無視してきた。

こうした見解を変えさせるのに貢献した研究の一つが、『新しい企業組織』である。この研究では、組織の特徴は、企業規模、産業分類、企業の成功度とは、直接関係がないことが明らかになった。そこで、組織の特徴を「製造工程の技術」と関連づける企てを行った結果、特定の組織パターンは技術の各範疇（小バッチ・単品、大バッチ・大量生産、装置生産）と関係があることがわかった。しかし、調査結果は、技術と組織行動の関係をもっと深く検討してみる価値があることを示唆していた。そこで、一九六二年に、インペリアル工科大学で、サウス・エセックス研究を受け継ぐ、長期研究計画が開始された。この計画は、①技術やコントロールの条件を異にすると、人間に何が起こるか、②企業目的を達成するための最適組織構造は、どのように評価してよいのか、③技術の変更が生じた場合、それのもたらす組織上の意義は何か、④技術を異にする状況において管理職務を遂行するには、どのような技能・能力・知識が必要か、といった実用に役立つ意義も持っていた。

サウス・エセックス研究の結果、技術と組織行動の関係において、技術尺度には、輪郭のはっきりした二極（単品・小バッチ生産と装置・連続生産）と、幅広くかつ扱いにくい中間領域（中ないし大バッチ生産と組立生産）があることが提示されていた。即ち、組織構造と組織行動の一貫性は、前述の二極の方が、より一貫性があり、また、予知可能のようであった。そこで、なぜそうなるのかを説明することが、新しい研究集団の第一の課題となり、焦点が中心領域に合わせられることになった。一貫性が欠如している原因は、サウス・エセックス研究で採用した、技術の分類方法が不完全だということである。技術尺度の両極では、経営者がどのような組織を選択するかは、物理的な作業の流れによって限定される。ところが、技術尺度の中間領域では、作業の流れは厳密な制約要素とはならない。つまり、技術が組織を決定するのではない。単に組織を決定しうる範囲を明らかにするにすぎないのである。課業の性質、課業の遂行の基礎を形成する道具・器具・機械・技術的な方式が厳密な制約要素にならないとすれば、新しい研究集団の第二の課題は、どのような種類の組織を選べば管理に有効であるかを検討することであり、その結果、生産課業のコントロール方法や、技術とコントロールの関係を詳細に研究することになった。

技術尺度の一方の極（単品・小バッチ生産）においては、コントロールのメカニズムは、相対的に簡単で、大雑把なものであり、コントロールは主としてパーソナルな権威階層を通じて行われ、仕事は大部分、非定型的であり、結果を予測することも難しい。他方、技術尺度のもう一方の極（フロータイプの連続生産）においては、工場がつくられたり、装置が取り付けられたときに、コントロールの機械的枠組み（生産量、費用、品質など）がつくられたりするため、ライン監督者には裁量の余地は比較的わずかしか残されていない。ところが、技術尺度の中間領域では、この領域の技術は、コントロール・メカニズムにかなり大幅な選択の余地を残す。技術そのものであるよりもむしろ、トップ・マネジメントの考え方を反映するコントロール・システムの性質が、組織構造や組織行動の差異を決める。

ここでは、「コントロール」という言葉を、単に「生産課業のコントロール」という限定された意味に関連づけて用いる。その場合、コントロールの分類は、技術変数同様複雑なものであることが判明した。コントロールの過程に関する情報を増やすことに努力が払われ、数多いケース・スタディが行われたが、そこでの関心の焦点は、生産課業と関連する目標の設定、マネジメント・サイクルにおける計画・執行・コントロールの各段階にあった。そして、これを調べる方法として、「追跡法」を用い、従業員のこの課業への関わり合い方や、この課業に関連して意思決定がどのように行われているのかが観察された。

本書は一九六二年から六七年の期間に、インペリアル・カレッジの研究チームによって行われた研究に基づくものである。第Ⅰ部では理論的な検討を行っている。第一章では、企業行動の決定において技術がおかれた位置を、第二章では技術パラメータの検証を、そして第三章ではコントロール・システムの分類および技術との関連づけを行っている。第Ⅱ部はさまざまな研究者によって行われたケース・スタディであり、各章は独立性の高いものとなっている。そして最後の第一一章において、総括が示されている。

一　理論編

本書では第一章から第三章が理論編として構成され、後の章で扱うケース・スタディのための分析枠組みが示されている。

（一）　第一章　技術と組織行動（キナストン・リーブズ（T. Kynaston Reeves）、ターナー（B. A. Turner）、ウッドワード）

組織構造と行動の調査が分析単位として取り上げるのは、組織そのものである。そして、組織レベルにおける行動の比較は、組織の課業を取り上げることによって有用なものになる。これを「課業分析アプローチ」と呼ぶ。このアプローチでは、まず、組織内部で実施されている仕事とその仕事を遂行するために用いられている技術の識別が行われる。

本書では、特に製造組織に焦点を当て、そのような組織が生産する財貨の正確な仕様書を、当該組織の生産課業とみなす。そして、組織の特定技術とは、生産課業を遂行するために、ある一定時点で利用できるプラント、機械、工具、ノウハウ、そしてそれらを利用するための理論的根拠を指す。つまり、企業の技術と生産課業は相互依存的なものである。

企業組織に関する理論は、組織の技術的側面だけを取り扱ったり、社会的側面だけを取り扱ったりして、両者の相互作用に関心を払わないならば、結局不完全なものになる。そして組織の技術的側面と社会的側面の相互作用は、二つのレベルで記述可能である。

第一に、個別作業員の公式の行動は、その作業員が最も直接的な形で関与している技術または生産ハードウェアに、ある程度制約・拘束される（もちろん、これが唯一無二のものではない）。第二に、組織レベルで考えた場合では、長期的には技術は組織の意思決定の結果で決まるが、短期的には、技術は与件であり、その目立った特徴が、管理構造を制約しうる。このように、技術と行動との関係は、個人行動への拘束と、組織への制約を与える、技術の特徴という二つのレベルで研究可能である。

技術的な拘束と行動との関係を考える場合、技術と管理システムは共に拘束と便益の双方をもたらすという想定の下、行動のどの側面が影響を受けるかを明らかにすることが必要である。

社会的な組織においては、環境、管理システム、生産技術、行動といった変数間に一方通行的な因果関係は殆どない。そこでの個人は、組織内外の、さまざまな環境の焦点となる存在として描かれている。

拘束という言葉は広い意味で用いられており、職務規定から、明確化されていないものまでさまざまなものが包含されている。便益とは、拘束が要求していない行動や妨害していない行動を、組織内においてとる機会を提供するものである。

拘束と便益は、必ずしも組織目標の達成を促進するものではない。拘束は組織目標のために計画的に設計されたという面もあるが、そうではない場合もある。そして、いずれの場合でも、取りうる行動としては、否定的、中立的、そして積極的という三種類あることから、組織行動のタイプ別分類は六種類となる。

(a) 拘束に関する行動

(1) 拘束された行動：雇用されていることに伴う義務ゆえに従事しなければならない行動

(2) 拘束を超える行動：通常の義務（感）を超えて組織目標を推進しようとする行動

(3) 拘束回避行動：拘束に関する否定的な行動であり、不服従、ストライキ等広範囲にわたる

(b) 便益に関する行動

(1) 便益を受けた行動：組織メンバーであるがゆえに提供される便益の利用のための行動
(2) 便益を高める行動：既存の便益の維持・拡大のためにとられる行動
(3) 便益を減ずる行動：便益を利用しそこなうこと、既存の便益の除去を目指すこと

この中で、インペリアル・カレッジの研究チームが関心を注いできたのは、拘束された行動である。組織の従業員が雇用条件を受け入れている限り、その組織の生産課業が生み出すさまざまな技術的拘束や管理面の拘束を基にして、彼らの行動の諸側面を予知できる面が大きいためである。但し、彼らは自発性を持っていることも忘れてはならない。このことは、既存研究から、技術的環境を比較するためのよりよい方法を編み出す必要があることが分かり、そのために技術を他の変数と関連させて考える必要があることと関わりを有している。

組織の管理構造や行動に反映される技術の特徴を、技術の目立った特徴と呼ぶ。前著におけるサウス・エセックス企業の調査結果では、技術尺度の両端に位置する企業（装置生産会社と単品生産会社）では、目立った技術的特徴の類似性がみられ、したがって、管理構造も同質的だと考えられる。

装置生産工場の場合には、産業分野を問わず、製品がその生産過程を通じて液状を呈しており、生産のための化学反応の大半が液状で起こるという類似性が存在した。対照的に単品生産や小バッチ生産の場合には、生産課業の設計や販売面に目立った技術的特徴が認められる。

このように、目立った特徴のみに関心を限定することによって、組織行動を比較するための技術変数を測定できるようになるかも知れず、研究の有効性を高めることが可能となるだろう。

（二）　第二章　技術変数の測定（ラッカム（J. Rackham）、ウッドワード）

本章では、技術的特性とインペリアル・カレッジが過去五年間にわたって実施した技術的特性を記述し、測定するための試みを取り上げて検討が行われた。

ウッドワードは、サウス・エセックス工業地帯の調査研究で各企業を比較する際に採用した分類法では大雑把すぎるとして、企業組織の比較分析の基盤とするための、より適切な手段を見つけ出す必要があると考えた。それは、①構造的要因および行動的要因と少なくとも観念的に切り離して考えることができるような技術的要因にその基盤を置き、②組織の生産課業と関連づけられ、特定の技術（生産ハードウェアとその特質）、計画立案や管理のもととなった一連の思想をも考慮に入れたものでなければならなかった。

そこで、研究チームのメンバーだったラッカムらは、もう一度、技術の比較方法を研究することになった。ウッドワードが、広範な組織構造上の特徴の変化を認めたのはバッチ生産の範疇であったが、かりにそれが装置生産と単品生産という、二つの対局の中間に位置する範疇だとするならば、バッチの規模の差異を製造品目の変化の差異に関連させることが可能ではないかということが、考えられた。その後の調査結果により、製造品目の変化だけが標準化に関係があるのではなく、さまざまな製品の構成部品の互換性が、生産システムの決定的に重要な特質をなしていたことが判明した。しかし、製品が著しく複雑な場合、互換性の度合いを示す数値をはじき出すことは事実上不可能であった。これが契機となり、コムベイは、生産システムの比較に当たって考慮すべきもう一つの変数は、生産される製品の複雑さだと提案するに至った。その大雑把な指数として、製造工程における個別組立て段階の数、または、転換（コンバーション）の段階数を採用するよう提案した。しかしながら、製造品目の変化の測定方法は主として製品の性質についてのものであり、製品の定義いかんに左右されたため、普遍的に適用できる種類のものではないという事実に直面した。

しかし、ちょうどその頃、インペリアル・カレッジで行われた技術変数を測定するためのさまざまな試みや、技術と組織の関係に関心を抱いていた他の研究者たちの試みの底流をなしているように思われる、さまざまな考え方を一本化する共通の絆—多様性という考え方—が生まれようとしていた。技術システムはつねに、一体何をやるように社会システムに要求しているのか。第二章で言及された調査研究のすべてを基にして出された一般的な結論は、生産課業が多様であるために起こる不確実性と不可測性に対処することである。生産課業（特定の技術（生産ハードウェアとそれが持つ諸特徴）および、計画立案と管理を包括する一群の思想をともに網羅するもの）の多様性に関心を集中すれば、技術システムのこれら二側面の間の関係が浮き彫りにされるばかりでなく、これら二側面と社会システムとの結びつきもはっきりしてくる、と彼らは考えた。

（三）　第三章　マネジリアル・コントロールの研究（キナストン・リーブズ、ウッドワード）

本章では、組織構造はコントロール・システムの関数であるという点について取り扱う。マネジリアル・コントロール・システムには、目標設定、計画、執行そしてコントロールという四つの要素がある。ここでは、マネジリアル・コントロール・システムが、少なくとも概念のレベルでは、一つの存在としてみることができ、社会システムおよび技術システムとは独立して研究でき、また、その特徴について他企業のコントロール・システムと比較できることを意味している。

サウス・エセックス研究における技術尺度の両極の場合、企業間に見出された組織構造と行動のパターンの同質性は、マネジリアル・コントロール・システムの一貫性に関連があった。しかし、技術尺度が中位の場合には、マネジリアル・コントロールの種類に多くのバリエーションがあった。

企業における製造活動の要で、かつ代表でもある製品群やオーダーを取り出し、それがどのように進行していくかをフォローするという「追跡研究」法に基づき、以下のような問題にアプローチした。

(1) 追跡研究に関する目的の措定：製品と企業目的の関わり、目的の展開、成果

(2) コントロール・サイクルにおける四つの要素の関係：要素間の連続性・重複性、自由裁量の有無、修正行為の有無

(3) 標準の設定：標準設定の責任者、標準の基準、標準間の優先性

(4) 標準の認識：標準に対する認識、標準の受容性

(5) コントロール・インフォメーションの利用：生み出された情報の内容、フィードバックのあり方、情報の利用方法

(6) 非公式な統制：非公式の統制の構築方法、公式目的との両立性

(7) コントロール・システムと社会システム：企業内部の部門の研究・生産活動との関わり

フィールド・ワークから、ある企業を、完全にパーソナルな階層的コントロールと完全にメカニカル・タイプのコントロールという両極からなる連続体に位置づけられることが示された。そして両端の間に、インパーソナル・タイプのコントロール過程が入る。生産課業の調整と統制について、生産課業のデザインおよびプログラミングと、その執行という二つの領域として組織を捉える場合、パーソナル・タイプの極においては、この二つの領域には殆ど全面的な重なり合いがある。これはコントロール・サイクルにおける計画と執行の段階がしばしば分離不可能だからである。他方で、コントロール過程が完全にメカニカルであるところでは、全面的な分離が見られる。そのようなケースとして、化学プラントの計画と建設がケミカル・エンジニアリング企業によって行われ、実際の操業は契約相手である化学系の企業によって行われることが挙げられる。

このような分離は、組織メンバーにさまざまな影響を及ぼしうる。例えば、コントロール過程がメカニカルになると、作業者は製品の生産に責任をとることをやめるかもしれない。また、コントロールがパーソナル・タイプのものである場合には、パフォーマンスのメカニズムと修正メカニズムは相互に深い関わりを有する。

これまでの研究から、マネジリアル・コントロールのうちで企業行動の効果に極めて重要な特徴が明らかとなった。それは、種々のコントロール過程相互の結合の程度である。単一システム（ユニタリ・タイプ）なのか、多元的システム（フラグメント・タイプ）なのか、ということである。前者に関して、若干の企業は、各部門に設定した標準と、その標準に関連を持つパフォーマンスおよび修正

図表 3–1　コントロール・システムの 4 類型

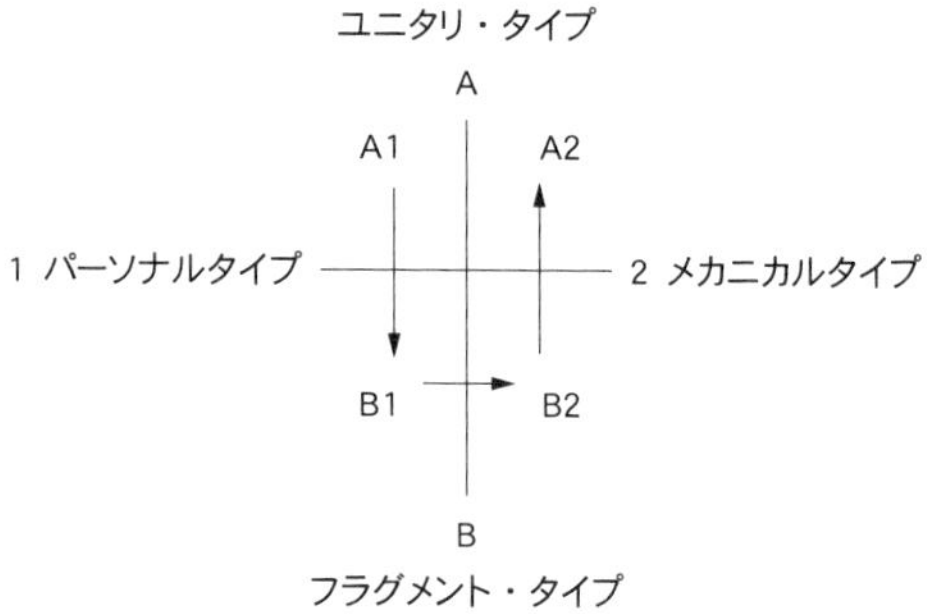

出所：Woodward, J. ed., *Industrial Organization: Behaviour and Control*, London, Oxford University Press, 1970, p. 53.（都筑　栄・宮城浩祐・風間禎三郎訳『技術と組織行動―サウス・エセックス研究その後の展開―』日本能率協会，1971 年，70 頁。）

メカニズムとを関連づけて統合的にすべく、努力を行った。他方で、種々の部門が多様な製品を多様な方法で多様な市場で展開する企業では、コントロールがフラグメント・タイプであることが多い。

　このように捉えると、コントロール・システムは、ユニタリ・タイプとフラグメント・タイプという両端から成る連続体として捉えることができる。これまでの議論で展開したコントロール過程の二つの側面を持ち、製造企業を四つに分類することが可能となる（図表3―1）。

A1：ユニタリ・タイプかつパーソナル・コントロール

A2：ユニタリ・タイプかつインパーソナルないしメカニカル・タイプのコントロール

B1：フラグメント・タイプかつパーソナル・タイプ・コントロール

B2：フラグメント・タイプかつインパーソナルないしメカニカル・タイプのコントロール

　このように分類すると、企業および技術上の通常の経過はA1→B1→B2→A2となる。

　本章でのコントロール・システムの分類と、技術の三分類との間には、明瞭な関係が存在する。単品・小バッチ生産企業と装置生産企業との間には、ユニタリ・タイプという点での共通性が存在する。他方で単品・小バッチはパーソナル・タイプの、装置生産ではメカニカル・タイプのコントロールが見られ、そこに相違が存在する。大バッチ・大量生産企業間にはフラグメント・タイプという共通性はあるが、パーソナル・タイプのコントロールを優先する企業とインパーソナル・タイプのコントロールを優先する企業とが存在した。

二　ケース・スタディ編

（一）　第四章　管理システム・その発展と相互作用（ターナー）

第四章以降は、第三章で言及された内容の追跡研究である。ターナーが担当した第四章の土台となる研究が行われたホリントン事業所は、大手電子機器メーカーによって設立後、現在の会社に買収されたという経緯がある。その結果、管理システムは、旧親会社、現在の親会社、そしてホリントン事業所自体に雇われている従業員の影響力がないまぜになってできあがったものであった。

まず、原価管理手続きに関して、全社的な原価管理システムという観点からは、ホリントン事業所の見積もり部門の一つの機能は、総合本社が発注しようとしている製品をいかに安くつくれるかという点についての情報源として活動することにある。他方、ホリントン事業所内部の原価管理手続きに関しては、事業所全体としてどのような状態にあるかを明らかにする経営会議と、請け負った個々の仕事に関わる事柄の評価である製造原価会議という、二つの公式の原価監視会議がある。これらの会議では、一部従業員が持っている専門知識、担当職能についての知識、工場知識が考慮され、従業員の持っている知識をシステム自体の中に織り込んでおり、この意味で、製造原価システムの運用が一連の「推測」に依拠している。製造原価会議は、経営会議で決定された以外の目標の追求も可能であり、これら二部門の活動は、部分的には二段階の管理であるが、時には両者が並行的に活動を展開することもある。

品質管理手続きは、原価管理手続きの場合よりもずっと全社的な方針との関連が薄く、ホリントン事業所独自の立場に立って実施されている。製造している電子機器製品の技術は複雑であり、生産活動を完全に停止しない限り、そのすべてについて点検を行うことは事実上不可能なため、各検査員が個人的に確立している基準、主観的な判断が重要な役割を果たしており、真の目標が、いわば個人的な基準の諸要件の充足に置かれていた。ホリントン事業所の検査システムは、力と高い基準という伝統を持ち、いまだに仕事の質にかなりの影響を与えているシステムであったが、設定されている基準が数多いばかりでなく、関連特性のすべてを監視できないため、その有効性には限界があった。

時間管理に関しては、計画立案は、恣意的な経験則を基にしている。生産管理システムは、総合本社ならびに総合本社の生産日程計画担当者とのある種の取引によって決められた幅広い目標を持っている。生産に関して最終的な責任を負っているのは事業所マネジャーであり、生産の大半についてイニシアチブをとり管理を実施するのは、生産コントローラである。彼は、内部システムの目標を設定し、管理システムを機能させるための最終的な権限の持ち主である事業所マネジャーの権威を利用する。目標の中には、システム内部で相互に調整しなければならないものがいくつかあり、手持ちの施設を確実に完全利用するという、別な目標もある。

ホリントン事業所の管理システムは、上記の管理の三つの側面に対処するために、それぞれ別個の明確なシステムが確立されており、それぞれ別個の一連の目標を持っているので、マルティ・システム・フラグメント・タイプに属するものと考えられた。この種の管理が直面する重要課題は、システム内部のさまざまな下位目標を相互に折衷せねばならないことにあるのだが、ホリントン事業所では、その明快さと、さまざまな階層に存在している形式張らない協力関係が、三つの経営管理メカニズムの併存を可能にさせている。

しかしながら、ホリントン事業所の生産課業が、ある程度まで会社全体のそれと類型的でないという事実から生ずる、いくつかの問題があった。第一に、ホリントン事業所の取り扱う製品の種類や製品品目の変化が会社全体のそれに比べて少ないにもかかわらず、ホリントン事業所の管理システムは、その生産課業の特質が要求している以上の多様性に対応することを可能にさせるようなシステムであった。つまり、事業所自体の課業に適していない生産管理システムが機能している一生産単位であった。第二に、全社的に設計者の立場が大いに尊重されていることにより、生産と設計との関係の緊張があった。このことは、ホリントン事業所の課業を全社的な基準から乖離させる結果になるのではないかと考えられた。ターナーは、本研究で明らかにされた諸問題は、ホリントン事業所が置かれているローカルな特殊事情や、電子工業界に最も適した組織形態は何かということについて総合本社が抱いており、ローカル・マネジメントとしてのホリントン事業所の経営層が支持している信念に触れないでは、解明することが不可能である、としている。

（二）　第五章　マネジメント・コントロールの条件（クレイン（L. Klein））

本研究の対象となった工場は、石鹸、洗剤ならびに関係製品を生産する、ある大きな国際的企業の製造部門である。その国の市場は飽和状態にあり、研究開発とマーケティングの双方で激しい競争が存在する。

調査対象となった製品「フォア」の製造過程においては、スケジューリングと生産管理、予算と原価統制、作業方法の決定と施工といった、この企業のすべての政策に関するさまざまな衝突が見られた。

ここでのフィールド・ワークは二つの側面に関して行われた。第一に、「フォア」の生産と包装に関わった全員に対して調査が行われ、そこには製造部長から現場の作業員までが含まれていた。そして第二に、「フォア」部門にたまたま起こった問題に重なる四週間で行われ、この期間を通じて、組織における社会的、技術的、政策的側面における相互作用を明らかにすべく調査が行われた。

作業のコントロールに関して、数量、品質等のあらゆる変数や原価に対して、目標が設定され、目標に到達するための方法が工夫され、目標に到達する方法を監査する仕方が工夫されていた。そして同時に、実際の遂行の測定、測定方法の工夫、測定方法に対するコントロールも工夫された。

具体的には、以下の四つのコントロールが行われた。第一がデザインならびに品質のコントロールであり、化学部長の管轄下で行われ、そのコントロールにはさまざまな基準が存在し、その九〇％を超えている場合に合格となる。第二がスケジューリングであり、販売計画部門が要となる。そこでは二カ月を一期として、期首在庫量と需要予測から生産計画が立てられていた。石鹸には大小二つのサイズがあり、それらには別個のスケジュールが存在しながらも同一ラインで製造されており、他方で異なる乾燥時間が必要であり、また別々のラインで包装されていたために、スケジューリングには両製品の調整が伴った。第三がコスト・コントロールであり、インダストリアル・エンジニアの職務の範疇となる。そこでは賃金コスト、修繕と維持、損失と減価、燃料、水および動力コストに分けられ、各々に関して目標が存在し、それと実際の数字との比較が作業成績として扱われた。そして、工場と各部門という形のマトリックスから成るコスト・コントロールの総括表にまとめあげられた。第四が検査であり、若い女性から成る検査員の仕事とされていた。そこでは複数ある品質基準を下回るものがあれば、ストックを倉庫に凍結することができたが、それには部門のマネジャーの同意が必要であったために、パーソナルな要因が一定程度影響した。石鹸の製造は装置産業として捉えられるが、生産システムはバッチ生産であるという複雑さを有していた。

このようなコントロール方法が存在していたものの、良いマネジメントに関する考え方の混乱があった。即ち、従業員間のボーナスの相互依存の存在、短期間の事前通告での一時雇用・解雇も存在した。他方でボーナス制度によるコスト・コントロールも存在し、そこでは標準時間以下での課業の完了および品質上の標準のクリアといった要因が重要であった。これらのことから、従業員たちは、自分たちがどれだけ製造したかを理解してはいたが、コントロール・システムがいかに機能したかは理解していなかった。

これらのことから、マネジャーたちにも満足感と挫折感の双方をもたらしたが、どちらかといえば、挫折感よりも満足感が強かった。その理由として、システムは合理的、効果的であり、そして明快で文書化されていたことが挙げられる。これらがもたらす結果には以下のようなものがある。

(1) 未経験者でもマネジャーになることができた：パーソナルな経験は不要
(2) 長時間の運営方法の学習を必要としない
(3) さまざまな仕事間の異動が容易であった

他方で、短期間でのローテーションはプロジェクトの継続性を損ねることもあった。

本調査では、システムのプランニングとコントロール・オペレーションとの間の明瞭な区別に焦点を当てた。そしてインダストリアル・マネジメントには三つのタイプの活動が存在しており、技術的・市場的条件によって、力点が異なってくることが示された。

(1) 生産・サービスのためのシステムの措定
(2) 作業計画、さまざまな調整、品質・コストの維持を通じたシステムの保持
(3) システム自体の向上

本章での「フォア」の場合には(1)の問題の大部分は解決されており、(2)では注意と能力、そして創意を必要としたが、問題の解決は可能であった。本章で扱った企業や多品種生産を行っている企業

は、特に(3)の問題が大きいことが多い。

（三）　第六章　洋服仕立会社の生産管理（キナストン・リーブズ）

本章では、ある洋服仕立て会社の生産計画立案システムと管理システムのケース・スタディが提示された。本研究が実施されたQ事業所は、マス・ビスポークと呼ばれる洋服仕立て会社に属する生産単位の一つであり、生産組織は比較的に単純であった。

マス・ビスポークでは、小売店頭で受けた洋服の注文はすべて、本社の生産管理部によって本社所在地で処理されていた。本社の生産管理部は次いで、各事業所の週間生産日程計画を立案する。この計画立案は、各事業所の理論的な生産能力を基にして行われていた。生産する洋服は、ほとんど注文服であり、仕立て客が落ち込んだときには、余分の生産能力を活用して在庫用の既製服をつくっていたが、既製服が注文服とまったく同じ生産工程の大半を辿るため、仕立て作業の転換は、生産システムにほとんど影響を及ぼさなかった。

マス・ビスポークの作業システムは、それ自体としては単純なものであったが、極めて分類しにくいものであった。製品の大半が個別の顧客の注文品だったため、製品の性質に基づいて分類すれば、単品生産の範疇に属することになる。生産方法の特質を基礎として分類が行われるならば、大量生産の範疇に属するだろう。しかしながら、生産は事実上、バッチを基にして行われており、従業員に加わる制約の一部は、単品生産ならびに継続的な流れ生産につきものの制約であるには相違ないかもしれないが、支配的な制約は、フラグメント・タイプの経営管理が行われているバッチ生産につきもののの制約であった。

Q事業所のマネジャーや監督層の主な関心事は、顧客に約束した期限までに洋服を作ることであった。時間の管理は、生産速度と注文をこなす順序という二つの要素からなっていた。注文を正しい順序でこなすという課業を簡便にするために、同一週間内に仕上げが予定されているあつらえ品はすべて、同じバッチで仕立てられた。だが、職長による生産活動の監視は、同一バッチでありながら、作業の進行過程で同一歩調を辿らないものがでてきたり、欠陥品が生産各部門に絶えず手直しのために差し戻される慣行があったりしたために、複雑化した。何バッチの仕事が各部門間をどのように進行しているかに関する情報は欠乏しており、入手可能な唯一の系統的なフィードバック情報は、洋服の全生産高に関するものであった。期限に間に合うよう顧客に注文服を引き渡すメカニズム（注文品捜査部門）もあったが、作業順序を守らせるのに役立つようなフィードバック情報を生み出すものではなかった。このように、時間管理は各個バラバラに行われており（つまりフラグメント・タイプ）、生産速度の管理のメカニズムは、生産順位の管理のメカニズムと相反する働きをしていた。

マス・ビスポーク社の一番深刻な問題は同事業所の仕事の質であり、手直しによる遅延は、引き渡し期限の順守と事業所の効率化を妨げる主原因の一つとなっていた。Q事業所の品質管理の責任は、事業所の生産管理者と総合本社に本拠を置く品質管理部門で分担されていたが、品質管理部門は検査員に対して直接的な権限を持っていなかったので、同部門の活動は、生産監督者たちによって運用されていた品質管理システムの不備な点を補う程度の意味しか持っていなかった。洋服の仕立ては、明確かつ測定可能な品質基準の確立を可能にする種類の生産活動ではなかった。評価は主観的な印象に左右され、個々の顧客の要求を直接的に満たさなければならないという要件は、単品生産の制約の特徴をなしている反面、大バッチ生産のそれを思い起こさせるような品質管理上の問題も存在していた。仕事が細かな作業に分割されていたので、ある特定作業の一定の誤りは、その後の作業を困難にしたり不可能にしたりしたのである。品質管理の欠陥は、作業員に影響を与える調整のメカニズムが不適切だったことと、明確な基準が欠如していたことにあった。品質基準は、仕立て作業員自身に任されていた。

品質基準が明確化されておらず、暗黙の了解事項だったために融通性があったという事実は、引き渡し期限の定義が曖昧だったこととあいまって、品質と引き渡し期限という両方の要件を同時に充足できない場合には、品質の方がとかく犠牲にされがちな事態を生んだ。洋服の手直しは、最初の仕立てよりもはるかに長時間を要したので、手直しをすべきか否かの決定は、しばしば、手直しをするだけの時間的余裕があるかどうかに左右された。

キナストン・リーブズは、仕立て職人の専門的な手腕を、現場生産監督層においてではなく、計画立案と標準設定の分野において活用することが必要だったのではなかろうか、と記している。

（四）　第七章　引渡し期日に間に合わせる問題―タイム・コントロールと製品範囲の多様性―（ラッカム）

本章のケースであるマディングレイは、電気工業とエレクトロニクス分野における製造工場の一つであり、多様な製品範囲を有していた。そして本章での焦点は、タイム・コントロールにおけるオーダー・コントロールにあった。タイム・コントロールとは、「引渡し期日が守られるように監督する」か、「目標の達成に努力すること」を指す。

マディングレイの時間管理に関わる活動はオーダー・コントロールと呼ばれており、ここでは以下の三つの課業が存在した。第一が生産・サービスの全体的なタイム・プランの作成、第二がタイム・プランの評価のための基準に関する情報収集、そして第三が必要に応じたタイム・プランの改定であった。

タイム・プランは生産準備進捗報告書に基づいており、最初に、工場長、購買担当者、テスト管理担当者、生産管理担当者、といった項目について記述がなされた票が示され、続いて期待されたオーダー時期、引き渡し時期、バッチ量といった項目について記述された別の票が発行された。これらの票は一年以上先のオーダーに関するものであったために、未確定かつ表面的であったが、票の巡回によって情報収集が促進された。他方で、ペーパー・ワーク・システムの増加という問題点も生じた。公式のオーダーが出てから、アセンブリー、サブアセンブリー（アセンブリーの階層を世代と呼ぶ）といった形でのタイム・プランが決められた。

オーダーの受領後に、工場とは異なる部門である製図室での問題により、進捗の遅れが生じ、その後も、世代の増加、デザイン変更、材料入手の失敗などによりプランが変更され、票の再発行をその都度行った。

今回のケースに見られるように、企業とその顧客との引渡し期日の交渉に、初めから非実現性が入り込むことはある。マディングレイは標準化の少ない製品分野で活動しており、さらに、今回のケースは新製品に関わっているという点は重要である。即ち、諸活動の組み合わせが複雑であり、初めて対応する問題であるために非標準的であったため、高度の不確実性を包含していた。

これらのことは、製品分野における多様性と技術革新の程度が大きければ大きいほど、タイム・コントロールの問題がいっそう困難になることを示している。

そして、生産進捗報告の手続きは、コントロールや修正のメカニズムとして機能するとは考えられておらず、また、有益な目標設定手段としても機能しなかった。

これらのことから、同手続きは限界的意味を持っていたと考えられる。それにも関わらず、オーダー・コントロール・セクションは、環境との接点にあること、工場と各部門との関係調整を支援する機能を果たしていたこと、といった機能を有していた。さらには、不確実性が生じやすいという状況において、それを仮定的あるいは暫定的にでも破壊できる場合には、虚構であっても積極的な価値を持つ（不安減少機能）。

（五）　第八章　組織の目標と経営管理―コンピュータ化の研究―（ヘドレー（R. A. Hedley））

本章では、ある製造会社におけるコンピュータ・アプリケーションの採用に関連する諸過程を、探索、強化、葛藤・変化という三つの循環過程で識別している。葛藤・変化は、当初の目標を、より明確に規定したり、実現可能なものにしたり、精緻なものにする第二の探索段階を導くため、この過程は、何度も繰り返して起こる。取り上げられた製造会社のX事業部は、もっと大規模で複雑な製造会社の六つの事業所の一つである。

(a)　循環I：組織目標の探索―目標の強化―目標を修正しようとする葛藤と変化

(1)　探索

親会社の取締役会の勧告に基づいて編成されたプロジェクト・チームは、手始めにX事業部にコンピュータ・システムを導入するように、また、データ処理の複雑さと仕事の量から考えて、財政の許す範囲内でなるべく強力な大型セントラル・コンピュータを設置するようにという内容の報告書を取締役会に提出し、承認された。

(2)　強化

X事業部傘下各社の個別生産管理計画の立案に取り組んだコンピュータ部門はコンピュータ・アプリケーションにまつわる技術問題に、X事業部は調和のとれた事業部構造の確立に、X事業部傘下各社は従来の自主独立的な製造活動の継続に、それぞれ関心を向けた。

(3)　葛藤・変化

しかしながら、コンピュータ部門の作業は予想以上に困難だった。コンピュータの記憶装置に情報を入れるために必要な、製品の製造についての一般的な基準がなかったのである。技術問題と不可分に結びついていたのは、変化に対する、傘下各社の抵抗だった。X事業部は自ら責任を負うことになり、コンピュータの適用はX事業部傘下にある二社に限定され、X事業部の統合的な生産管理システムを確立するという目標を実現するための試みは、所期の成果をあげることなく打ち切られることとなった。

(b) 循環Ⅱ：新しい目標の探索―強化―葛藤・変化

(1) 探索

葛藤は、結果的に、第二の探索段階を導いた。コンピュータ部門は、製造活動の背後にある基本原理を確かめるためにX事業部傘下企業の生産マネジャーやそのスタッフたちと話し合った。X事業部は、講習会を開くようコンピュータ部長に依頼し、また、コンピュータ計画実現のため、傘下各社代表により構成される三つの作業班の編成を提案した。これら三つの作業班は、以後、コンピュータ部門と共同作業を行うことになった。

(2) 強化

明確なシステム目標を打ち出すために、コンピュータ連絡部などいくつかの会社チームが編成された。これは、特定の社員に責任を持たせる一方、コンピュータ化の仕事全体を統御可能な課業に細分化するのを可能にした。コンピュータ部門の組織も、X事業部やその傘下各社の「職能」パターンに容易に適応できるよう、自ら編成替えを行った。

製造のパラメータを技術的にはっきり規定できないという当初の障害が克服できそうに見えてきたため、コンピュータ部門と各社の協力関係は緊密化した。しかし、完全に受け入れられるようになったわけではなく、まだ、技術問題や、スケジューリングと稼働問題、組織上の問題もいくつかあった。

(3) 葛藤・変化

コンピュータ・アプリケーションは、それまで部分的にしか成功しておらず、コンピュータによる生産のプログラミングが完全に行われるようになるまでには、まだ程遠い状態にあった。だが、コンピュータ部長自身が、総合本社取締役会に報告書を提示し、突如として、コンピュータ・テクノロジーの最近の進歩に照らして新装置を購入すべきだと主張した。現在の機種がオーバーロードになり、そのビルト・インされた時間的遅延が目標の達成を阻害しつつあると認識したのである。この主張は承認されることになるのだが、これがコンピュータ部門に対する不安と敵意を再発させることになった。

(c) 循環Ⅲ：探索―強化

(1) 探索

新装置を購入すべきというコンピュータ部長の主張には、いずれ、各社の生産施設も単一の経営資源システムとしてプログラム化されるであろうという想定が内在していた。報告書には、リアル・タイム・データ・プロセッシングの適用スケジュールも盛られていた。専門知識を欠いていた総合本社取締役会のメンバーにとってはコンピュータの技術的な利点は抵抗しがたいものであったこと、同社が一貫してインテグレーテド・データ・プロセッシングにコミットしてきたこと等の理由から、総合本社取締役会は、新装置を購入するために予算の追加支出を承認した。

(2) 強化

コンピュータ部長と彼のスタッフは、プログラムを書き換える作業の強化過程に取りかかった。X事業部と傘下各社内部の、新提案に対する批判分子は、ハードウェアがコンピュータ・アプリケーションの制約要因だとする考え方は受け入れるわけにいかないと感じていた。事業部の取締役会で事業部の経営者がとった立場は、初期の段階で犯された過ちの責任は自分たちがとる。しかし、時間と金の巨大な投資が今や実を結ぶか結ばないかという瀬戸際にあるので、あらゆる努力を惜しまずに目標を達成しなければならない、というものだった。コンピュータ・アプリケーションを成功させることがX事業部の重要課業となり、傘下各社は、X事業部のそのような確約を、熱意を持って受け入れたわけではないものの、少なくとも好意的には受け入れた。

(d) 論評

本研究の実施期間中に明らかになったのは、観察した出来事を、以下の二つの想定、①組織目標の実現可能性が増大するにつれて、組織の成員からますます受け入れられるようになる、②組織の成員からますます受け入れられるようになるにつれて、イニシアチブをとったグループが、その方向づけに関してより大きな監督権を持つようになる、に基づいて少なくとも部分的には解釈できる、ということであった。

また、本章全体を通じて明らかになったのは、インテグレーテド・データ・プロセッシングを実施する試みが容易に開始されなかった原因は、関心がもっぱら目標の定義に注がれ、目標の設定と管理の問題に、同時に注がれなかった事実にあるのではないかということである。本研究は、この両者がいかに密接に結びついたものであるかを明らかにしている。

(十六) 第九章 エレクトロニクスの企業における目標の設定(コムベイ(P. Combey))

本章での研究対象であるエレクトラ社では、本調査の少し前から急激な再編が始まり、多くの政策が実行された。さらに、追跡対象だったオーダーの主体は極度に複雑な製品であり、オーダー自体も後にキャンセルされてしまった。このため、本調査研究について完全な発見を提供することは不可能であり、本章では目標の設定について焦点を当てた。

第三章のコントロールに関する議論は、コントロールが組織の課業に関連して決定される目標によって措定された枠組みの範囲内で行使されることを意味している。そして統制過程の性質は、目標が最初に明確にされ、続いて環境圧力のもとで改変される程度によって影響されるらしいと続く。

本章の対象であるエレクトラ社では、措定された目標が明白でも安定的でもないことが分かった。このため、指令内容の解釈にはさまざまな検討がなされ、柔軟性が必要とされた。これらのことは業績評価を著しく困難にした。

今回の対象製品はコンピュータであり、それは「標準モジュール(基本的なコンピュータ作業を遂行するもの)」「調整モジュール(標準モジュール作業の統制を行うもの)」「顧客モジュール(顧客ごとにカスタマイズされたもの)」という三つの要因から製品が構成されるものであり、技術的にはバッチ生産であった。

また、エレクトラ社の再組織を通じて、同社とその下部単位の目標変更が、製品開発のパターンに影響を及ぼしうることを示す証拠も見つかった。そして企業、下部単位、そして製品の目標に関して、パーソナルな側面を考慮に入れる必要があることも明らかになってきた。

当初は製品目標の設定はパーソナルな目標と極めて密接に結びついていた。退社し自分自身でコンピュータ・モジュールを開発しようと考えていたブラウンという若手技師のアイデアを上司が採用しようとした。当初はそれに対する反対が存在した。第一が、一定の売り上げを見せていた既存のモジュールに対する満足感、第二が新しいモジュールの性能上の不確実性、第三がモジュールの変更に伴う他の相互依存的なモジュールの再開発への拒否感、そして第四が全体の調整への反対であった。しかし、その上司は競争がモジュールをベースに行われるようになったことを理由に、開発を進めることとした（一九六〇年）。但し、当初は、期間、価格、スペック等について漠然としていた側面も存在した。

他方で、一九六一年に同社は組織変更に着手した。同社には中規模バッチ生産を行うB工場と、小バッチ生産を行うA工場とが存在していたが、A工場では製品ごとの部門から職能ごとの集中的管理へと再編が行われた。その中でブラウンの自由裁量はさらに拡がったが、そのことが却って生産問題への取り組みへと彼を向かわせることになった。

他方で、早期の市場投入を求める販売部門からの商業的圧力も増加した。しかし開発は成功裏には進まず、開発責任者の変更、資金投入といった再計画へとつながった。

また、この時期には企業目標が成長から利潤へと変化し、緊密な統制のために製品目標の安定化と明瞭化が必要となってきた。しかし、製品目標は設計という面においては安定しておらず、時間目標が重要な問題となっていた。

以上が第九章のケースである。経緯が複雑であり、目標が製品に関連して発展した面もあり、本ケースを簡潔明瞭に示すことは困難である。しかし、本書のコンテクストに基づいて解釈をすることは可能である。

本調査の重要な側面の一つは、製品目標との発展と、組織における他の目標との関係である。他の目標とは、全体組織の目標と、部門の目標、そして個人的な目標を指す。

本章でのケースを第三章での図表3－1に沿って理解するなら、第五章のクライン社と興味深い対照を示していることがわかる。第五章における「フォア」工場では生産システムをデザインし運営する過程には完全な分離があったが、エレクトラ社ではその過程に複雑な相互作用や全面的なオーバーラップがあった。また、「フォア」工場では組織・部門・そして個人の目標が組織の中を巡る間も製品目標は安定していたが、エレクトラ社では、それらの目標の相互作用が新たな製品目標を引き起こしていた。

エレクトラ社の組織構造は、有機的組織－機械的組織という分類における機械的組織に移行していったが、安定的で常軌的なモジュール組立活動の変化の中で容易に受け入れられた。しかし、モジュラーのデザインや開発といった、安定的ではなくルーチン化の低い稼業においては、抵抗にあったりもした。有機的システムは開発活動の初期段階には適していたが、本ケースでは、エレクトラ社の構造が機械的であったことがコンピュータ製品の継続につながったことを示している。

（七）第一〇章　技術の制約と労働者の態度（クロンプトン（R. Crompton）、ウェダバーン（D. Wedderburn））

本章では、全国的な規模を持つ大会社の、ある事業所（シーグラス）が研究対象となった。シーグラス事業所には五つの主要工場があり、いずれも化学工場であった。これらの工場は、それぞれ別種の技術を利用して何種類かの製品を製造していた。シーグラスの各工場の生産とマーケティングのパターンは、関係事業部の責任で決められており、ある意味、それぞれの工場が、あたかも別の会社に所属しているかのようであった。だが、どの事業部も会社の全般的な経営方針や労務方針によって規制されていた。シーグラスの五工場のうち三工場（A、B、C）については、その後さらに研究が積み重ねられた。この三工場は、社会的背景と仕事への指向が同質的な労働力を雇用している。三工場のうち最も小規模なA工場では、連続シフト制作業に従事していた。A工場は、ブラウナー（R. Blauner）の定義に従えば、純粋な連続装置生産工場であり、労働者の大半が化学処理作業員だった。フロータイプの連続装置生産工場の一例として選ばれたB工場でも、その大半がシフト制で働いていた。しかしながら、B工場の場合、①荷役が必要、②製造品目が変化する、③化学処理工程が複雑、という特徴が識別された。三工場の中で最も大規模なC工場でも、その大半がシフト制で作業に従事していたが、A、Bいずれの工場とも違って、バッチ生産を行っており、製品は多種類にわたっている。A工場のそれと同種類の監視作業もあったが、約半数が所属するフィラメント糸部門での仕事は機械を利用するものであり、作業のペースは機械次第で決まった。

労働者たちの雇用環境の諸側面に対する態度が調査されたが、コントラストが著しかったのは、純粋なフロータイプの連続装置生産工場であるA工場と、バッチ生産工場であるC工場との間においてである。最も快適な作業条件を備えていたのはA工場である。これは、それぞれの現場の、製造工程の性質のせいであり、B、C両工場の製品の多様性が、その種の差異を生み出すもとになっていた。C工場のフィラメント糸部門とA工場では、物理的な作業条件の差異は著しく、それは、A工場労働者の満足感と、C工場労働者の不満に繋がっていた。

次に、第三章で定義した管理システムとの関連についての検討がなされた。オートメーション化が進むと、その一つの結果として、パーソナルなフィードバック要素が消滅し、コントロールの結果が直接、作業員に伝わるようになる。A工場、そしてA工場ほどではないにしろB工場の工程設計は、量の主たるコントロール機能がプラントの設計そのものに組み込まれていたという点で、C工場のそれとは異なっていた。A工場の場合は、品質のコントロール機能もプラントそのものに組み込まれていたが、B工場の場合はそうではなかった。いいかえると、A工場の品質管理は著しくメカニカルになったが、B工場の品質管理は相変わらずアドミニストレイティブであり、インパーソナルであった。C工場については言わずもがなであった。

品質管理の他の諸側面もまた、オートメーションの影響を受ける。その一つは生産計画の立案と作業のシークエンシングである。A工場では、これはプラントの設計に組み込まれていた。B、C両工場では、製品の切り替えが行われていたので、監督者には製品ごとにどれくらいの期間、機械ないし装置を動かすか、それぞれの製品にどんな割合で労働力と資源を割り当てるか、を決定する個人的な責任があった。言い換えるとこの点でも、権限構造に通ずるパーソナルな干渉が、A工場に比較して大きかった。以上のことは、コントロールがメカニカルになると、監督者の課業に大きな影響が及ぶとする、第三章の指摘を裏付けていると考えられた。

著者たちは以下のように本研究をまとめている。

(1) 本書が全体としてそうであるように、本章は、労働者の社会的な特性や仕事への指向よりは、むしろ技術の方が、組織の比較分類に当たって有効な変数になり得る、という見解を支持している。しかし、そのことは、必ずしも特定の理論的立場に立っていることを意味するものではない。実際のところ、労働者の態度と行動を満足のいくよう説明するためには、仕事内の変数と仕事外の変数の、ダイナミックな相互作用の理解が不可欠である。

(2) B工場の化学処理工程はA工場のそれと類似していたが、調査を進めたところ、製品の種類、化学処理工程の性質、その結果としてのコントロール・システムが、作業員の課業と監督者の役割に、大きな影響を及ぼしていることがわかった。C工場の課業の目立った特徴は、製品が多種類にわたったことである。それは監督者の役割の特性に、大きな影響を及ぼした。製品が多様だったために、A工場と違って、B、C工場では、監督者が生産のオルガナイジング、プランニング、シークエンシングをやらなければならなかったのだが、C工場の場合は、製品が多様だったことが、同時に、作業員の課業の難易度にかなりの影響を及ぼし、ボーナス収入にも影響を及ぼした。

(3) 製造工程の性質だけでなく、アドミニストレイティブ・システムや生産をオルガナイズする理論的根拠をも、考慮に入れることが大切だ、ということである。A、B、C三工場の労働者たちに職務に対する関心の差異が認められたが、それは、それぞれ生産課業の客観的な差異および、製造工程に由来する物理的作業条件の客観的差異の、反映に他ならない。職務に対する関心が高いところでは、それ相応に作業条件が快適であり、個別労働者が仕事を定式化し、リズミカルにする機会も多かった。自由裁量を働かせたり、歩き回ったりする自由もあった。作業チームの不可欠の一員だという意識を持ち、自分の仕事をチームに即応させることも可能だった。A、B、C三工場の、監督に対する態度の差異は、監督の役割の差異を反映しており、そういった監督の役割の差異は、アドミニストレイティブ・システムの差異を反映するものでもあった。監督がやらなければならない、監視やオルガナイジングの要素が濃厚であるほど、作業員の批判の声も高かったようである。逆に、もめ事を解消し、助言を与えるという要素の占める比重が大きければ大きいほど、監督に対する作業員の態度も好転していった。この調査結果は、生産課業に対するメカニカルなコントロールは、伝統的な権限構造を通じて行われるパーソナルな、もしくはアドミニストレイティブなコントロール・システムよりも好ましいという見解を裏付けているようである。

（八）　第一一章　技術、マネジメント・コントロールならびに組織行動の関係（ウッドワード）

本章では最終章として全体のまとめが行われている。

これまでの研究で、バッチ生産企業とバッチ以外の技術範疇に属する企業との間の違いよりも、バッチ生産企業間の差異の方が大きいことが分かったが、これをどう説明すべきかが課題であった。そのため、予備調査の段階では、バッチ生産企業だけを選択対象として選んだ。そして本書の第Ⅱ部でみたように、実際にはバッチ生産という言葉に、極めて広い範囲の技術状況が含まれていることが分かった。例えばX事業部とホリントンだけが、いわゆるバッチ企業であり、マディングレイとエレクトラ社は、単品生産との共通点を多く有していた。

また、技術的に類似性を持っている企業間にも、組織構造と組織行動の点で明確な差異があった。この場合、課業の性質および課業のコントロール方法が、組織行動の決定要素といえる。

そしてコントロール変数および技術変数は共に、組織が対応すべき不確実性の度合いを決定する。技術そのものは多くの要因に依存している。製品の性質、製品の範囲、市場ならびに原材料・部品処理のための技術などのすべてが不確実性の源泉となる。そして組織における課業の不確実性がどれだけあるかが、この課業のコントロール方法を決める主要な要因である。即ち、単品生産はパーソナル型のシングル・システム・コントロールといった関係などである。しかし、他方で、コントロール・システム自体が技術の不確実性を増減しうる。例えば技術はそのままでも、コンピュータの導入によって、不確実性が減る可能性がある。また、取引相手の特徴に応じたコントロール・システムが用いられることもある。

大バッチ生産の自動車メーカーのある監督者は、そこでの取引相手である下請け業者が小バッチ生産ベースで運営されているため、メーカーでの管理に小バッチ生産と関わりのある管理を行っていた。

不確実性と管理に関しては、これまでのケース・スタディから以下のことが明らかとなった。不確実性が高い場合には、パーソナルな階層的権威によるコントロールの行使への依存度が高いが、中程度の不確実性が存在する場合には、システムの監視、計画、調整といった活動に重点が移る。不確実性の低い組織では、システムの改善やシステム変更のための計画に活動が向けられ、進行中の活動に干渉することはない。

最後に、組織における課業の決定的な特徴として技術変数に焦点を合わせるより、むしろ、不確定の程度に焦点を合わせることによって、生産組織以外の研究にも、生産組織と同じ概念的枠組みおよび方法論を利用できるようになる。

本書での理論的枠組み、事例研究に基づいて、比較分析を行うことによって、社会科学の有用性が高まる可能性が指摘できる。

三　本書の枠組みの検討

（一）　事例の位置づけ

本書は第一章～第三章が理論編、第四章～第一〇章が事例編、第一一章が総括という形で構成されており、第三章において、コントロールタイプは四つに分けられることが示された。そしてそこではコントロール・システムの分類と、技術の三分類との間には、明瞭な関係が存在するとされている。即ち、単品・小バッチ生産企業と装置生産企業との間には、ユニタリ・タイプという点での共通性が存在する。他方で単品・小バッチはパーソナル・タイプの、装置生産ではメカニカル・タイプのコントロールが見られ、そこに相違が存在する。大バッチ・大量生産企業間にはフラグメント・タイプという共通性はあるが、パーソナル・タイプのコントロールを優先する企業とインパーソナル・タイプのコントロールを優先する企業とが存在した。

理論編でのこのような記述に続きさまざまな事例が扱われた。これを示しているのが図表3―2である。しかし、その事例から得られた知見は必ずしも明瞭かつ整合的とは言い切れない場合もある。

第四章のホリントン事業所は、管理の三つの側面に対処するために、それぞれ別個の明確なシステムが確立されており、システムの運用に関しては、従業員が個人的に確立している基準や主観的な判断、恣意的な経験則、専門知識、情報などが重要な役割を果たしていることから、B1に分類できると考えられる。

第五章で扱われた石鹸「フォァア」製造会社では、部門によってコントロールタイプが異なってい

図表 3-2　4つのコントロール・システム上での本書の事例の位置づけ

	パーソナル・タイプ	メカニカル・タイプ
ユニタリ・タイプ	A1 第5章　「フォア」製造会社（一部：品質管理）	A2 第5章　「フォア」製造会社（メインは装置産業） 第10章　シーグラスA工場 第10章　シーグラスB工場（B2に近い）
フラグメント・タイプ	B1 第4章　ホリントン事業所 第6章　マス・ビスポーク社 第8章　X事業部（A2を目指すものの、後期でも未だ程遠い状態） 第9章　エレクトラ社（初期：一個人の着想に始まる部門での取り組み）	B2 第7章　マディングレイ社（新製品開発に際しての時間管理：しかしその内容は断片的） 第9章　エレクトラ社（後期：全社的な管理への移行） 第10章　シーグラスC工場（B1に近い）

出所：筆者作成。

る。製造における多くの面では、理論通り、装置産業としてのA2タイプのコントロールが用いられていた。但し、品質管理に関わる部分では、A1にあてはまるようなコントロールが用いられていた。

第六章のマス・ビスポークに関しては、キナストン・リーブズ自身も記しているように、作業システムは極めて分類しにくいものである。ただ、支配的な制約は、フラグメント・タイプの経営管理が行われているバッチ生産につきものの制約であり、その結果として、時間と品質との間には矛盾が生じていた。品質基準は不明確で融通性があり、引き渡し期限の定義も曖昧だったことからB1に分類できると考えられる。

また、第七章においては、新製品開発における時間管理に焦点があてられていたが、そこで用いられていた管理方法B2は必ずしも適切とは言い難いものであったことが示されている（但し、B2以外のどのタイプが望ましかったのかについても記述は殆どない）。

第八章のX事業部は、当初はB1タイプと思われるが、親会社主導の下、傘下の全企業にインテグレーテド・データ・プロセッシングを導入し、計画立案ならびに管理という視点から単一のシステムとして取り扱う、即ちA2が目指された。但し、未だに「道半ば」の状態である。

第九章ではコンピュータ製品に関する事例が扱われていたが、そこでは製品化の段階において、コントロールタイプが異なっていたことが示されていた。

第一〇章のシーグラス事業所に関しては、事業所全体としてみればフラグメント・タイプである。各工場を個別にみれば、A工場、B工場が連続装置生産工場であり、C工場はバッチ生産を行っている。A工場そしてA工場ほどではないにしろB工場の工程設計は、量の主たるコントロール機能がプラントの設計そのものに組み込まれており、C工場とは異なっていたことから、A工場はA2、B工場はB2に近いA2、C工場はB1に近いB2である。

このように、必ずしも整合的ではない面も存在するが、そのことは逆に「製造活動」をどのように規定するか、という点が重要であることを示している。即ち、ある時点での企業内の諸活動の中で、どれが製造活動と言えるのか（共時的）、また、製品化の流れの中で開発と製造の時点をどのように区切るか（経時的）といった点である。あるいは、工場といった「部分」を分析するのか、その工場が属している事業所、会社といった「全体」を分析するのかといった点である。これらの点を理論的

図表 3–3　本書での事例における不確実性の高さ

	企業名	載録章
低い不確実性	シーグラス A 工場	第10章
	シーグラス B 工場	第10章
	フォアの工場	第 5 章
	シーグラス C 工場	第10章
	マス・ビスポーク	第 6 章
	X 事業部	第 8 章
	ホリントン	第 4 章
	マディングレイ	第 7 章
高い不確実性	エレクトラ社	第 9 章

出所：Woodward, J. ed., *op. cit.*, 1970, p. 237.
（前掲訳書，319 頁。）

に補強していくことによって、ウッドワードの研究がさらに拡張されることにつながる。

（二）　最終章からの知見

第三章においては、技術とコントロール・システムとの関わりについて述べられていたが、最終章においては、不確実性に重きを置いた説明が行われていた。これを示しているのが図表3－3である。

このことは、組織における課業の決定的な特徴として技術変数に焦点を合わせるより、むしろ、不確実性の程度に焦点を合わせることによって、生産組織以外の研究にも、生産組織と同じ概念的枠組みおよび方法論を利用できるようになるというウッドワード自身の見解からも分かるとおり、本研究に基づいた研究の拡張の方向性がここでも存在することを示している。

彼女は具体的な拡張方向については十分には論じていないが、技術という視点、そして環境の不確実性という視点とが併存していることから、以下の拡張方向が考えられる。第一に、何らかの分析対象を捉える際に双方の視点で論じられているかどうか、ということである。例えば岸田(1)は以下のように述べている。即ち、多面的であるがゆえに、現実がさまざまに解釈される、と。この意味で、双方の視点から捉えることには意義がある。このことは組織論のみならず、組織間関係論にも当てはまるため、第三節においてその問題に言及する。その上で第二に、統合的な視点の構築の必要性がある。岸田[2]は先の見解に続いて以下のように述べている。即ち、さまざまな形で存在している説明の間の関係を整理することによって、多面的な組織現象を統合的に説明することが必要となる、と。このような作業をさまざまな分析対象に関して行うことが求められよう。

次の第二節では、統合（共時的・経時的）、そして部分と全体に触れながら、その後のウッドワードの研究も踏まえて、社会―技術システム論との比較を行う。

（小橋　勉・杉浦　優子）

第二節　個人の自律性と作業組織――社会―技術システム論との比較――

ウッドワード（一九七〇）では、タヴィストック人間関係研究所の社会―技術システム論と同様の想定、即ち、組織の技術的側面と社会的側面の相互作用に関心を払うべき、という想定に基づいていることが記されている。[3]さらに、ウッドワードがとっている課業分析アプローチ（task analysis approach）と、社会―技術システム論のアプローチ（課業アプローチ（task approach））は、密接な関係にあることが示されている。

そこで、以下では両者について、（一）環境レベル、（二）組織レベル、（三）作業組織・個人レベルのレベルごとにみることにする。

一　技術システムと社会システム

（一）　環境レベル

ウッドワードは、組織と外部環境との関連を考慮に入れ、環境と組織を媒介する技術を重視している。(4)

他方、社会―技術システム論でも、技術的な構成要素は企業目的と外部環境を媒介し、社会システムの主要な境界条件として機能すると考えており、(5)技術が環境と組織を媒介している点で同じである。しかしながら、社会―技術システム論では、社会によって技術が選択され、技術の変化が社会の変化を引き起こすというように、技術の選択や、技術システムと社会システムの相互作用を念頭に置いたうえで、環境のタービュランス（turbulence）に人間や組織が対処することを重視する。(6)

（二）　組織レベル

ウッドワードの分析レベルは、組織全体である。管理システムを、「企業の社会システムの主要部分をなすもの」とみなした上で、社会システムと技術システムの相互作用を念頭に置く。しかしながら、彼らの主な関心は、組織の全体的な構造に多かれ少なかれ制約を加える、技術の目立った特徴を観察することである。技術は所与という見地に立ち、技術システムが社会システムを制約する側面が強調される。したがって、ウッドワードのいう相互作用とは、双方向というよりも、むしろ「一方通行」である。

他方、社会―技術システム論では、組織全体に関する分析も勿論なされるが、どちらかというと焦点を合わせているのは作業組織である。初期には、技術は所与であったが、その場合でも、技術システムと社会システムの（双方向の）相互作用を念頭に置く。また、一つの技術システムに対して、複数の社会システムの可能性があることを説いている(7)。

（二）　作業組織・個人レベル

ウッドワードでは、作業組織や個人の分析も行われている。拘束に関する行動、便益に関する行動といった、組織行動のタイプ別分類も行っている。個人の自由裁量や葛藤、ストレスなどの記述もある。経営陣の引いた既定路線上での、従業員側からの技術の提案など、自らが置かれている技術環境に、ある種の変化を与えることにも触れられている。しかしながら、技術と直接関わりを持つようになる個人の行動のうち、拘束された行動にのみ焦点が合わせられる。個人の自由裁量も結局は技術によって決まると考えており、経営陣の引いた既定路線から外れるような技術の選択もない。個々のケース・スタディには、組織の下位レベル間での取引や、チームの編成、部門自体の編成替えが独自に行われる様子など、プロセスに関する記述がなされている。しかし、理論編では、組織の下位レベルの各々でどのように調整されるかについて触れておらず、プロセスの側面は軽視される。

それに対し、社会―技術システム論では、作業組織を通じた技術システムと社会システムの合成最適化、即ち、最適な適合と、そこに至るまでのプロセスを重視する。社会―技術システム論では、技術が同一でも、個人や作業組織の自由裁量が同じとは限らないと考えられ、初期には、個人の葛藤、ストレスと、それへの対策としての「作業組織レベルでの自律性」に着目している。後には、「個人レベルでの自律性」も重視するようになり、課業に個々人が動機づけられるような課業自体の特性について説かれるようになる（「課業志向」の重視）[8]。また、経営陣の既定路線に沿った技術の選択ではなく、従業員自身が、自分たちにとって好ましい技術を選択することが主張されるようになる。

二　課業分析アプローチ

ウッドワードでは、技術はあくまでも所与であり、選択できるものではない。ウッドワード自身は、「技術決定論ではない」ことを強調してはいる。しかしながら、そこには、タヴィストックの研究者たちによって提案されていたような「組織選択」はない[9]。それに対し、社会―技術システム論では、一つの技術システムに対して、複数の社会システムの可能性があること、さらに、技術システム自体の選択可能性（選択は現場の従業員が行う）を説くようになる[10]。

以上のことは、次のように言い換えることができる。例えば、岸田は、組織（Organization）の組織化（Organizing; 個人が組織を形成していく側面）と構造化（Organized; 形成された組織構造が個人の行動を規制する側面）の概念を提示している[11]。組織化では社会システムの側面が、構造化では技術システムの側面が強調される。これに基づくならば、社会―技術システム論の課業アプローチ

図表 3-4　ウッドワード（課業分析アプローチ）と社会－技術システム論（課業アプローチ）との比較

	ウッドワード（課業分析アプローチ）	社会－技術システム論（課業アプローチ）	
課業を構成するもの	技術システム	技術システムと社会システム 課業 道具（技術システム）　人間（社会システム）	
技術システム	独立変数	独立変数	相互作用
社会システム	従属変数	独立変数	
焦点	全体（組織）	部分（作業組織）	

出所：筆者作成。

は、組織化と構造化を共時的に統合している。厳密に言うならば、社会－技術システム論は、初期には、構造化の立場をとりながら組織化と構造化を統合していることになるのであるが、その後、組織化の立場をとりながら組織化と構造化を統合する方向へのシフトを行っている(12)。これに対して、ウッドワードは組織化の側面も考慮してはいるものの、焦点を合わせているのは構造化の側面であり、技術システムと社会システムの合成最適化、組織化と構造化の統合という視点はない。この両者の違いはどこから生じるのか。

　ウッドワードが『新しい企業組織』出版以降のインペリアル・カレッジでの研究を概説した一九七三年の論文では、自身の課業分析アプローチと、社会－技術システム論のアプローチとの違いが記されている。ウッドワードの課業分析アプローチでは、「技術＝課業の性質」である。技術は独立変数と見なされ、構造と社会的な関係は、従属変数と見なされる。そして、特定の問題領域よりもむしろ、組織全体に強調がおかれている(13)。

これに対し、社会―技術システム論の課業アプローチでは、課業は、道具と人間、即ち、技術システムと社会システムからなる。(14)両システムは、互いに独立しているが相互に関連している。そして、「本質において、課業は、合成最適化の一つ(15)」と見なされ、作業組織が強調される。両者の違いをまとめると、図表3―4のようになる。

三　技術の概念

ウッドワードとは異なり、社会―技術システム論では、社会システムが強調されていることがわかる。しかしながら、両者の違いは、技術の概念に関しても見られる。

ウッドワードの場合、彼らの主な関心は、組織の全体的な構造に制約を加える、技術の目立った特徴を観察すること、また、技術的要因と社会的要因がどういう形で関わり合っているかを見極めることであった。そのため、技術から、「少なくとも部分的には社会的な要因に左右される」と彼らが見なすものを排除する必要があった。

岸田は、技術の定義、尺度、分析レベルの問題についてとりあげ、諸研究者に言及している。例えば、アストン・グループでは、技術を生産技術、材料技術、知識技術に分類している。ペローの技術概念は、材料技術や知識技術を含む。(16)

ウッドワード(17)では、技術を生産ハードウェア（プラント、機械、工具および設備、工場レイアウト、原材料の性質）と考え、技術分類の不完全な部分を「コントロール・システム」を考慮するこ

図表 3-5　技術，コントロール，組織構造・組織行動の関係

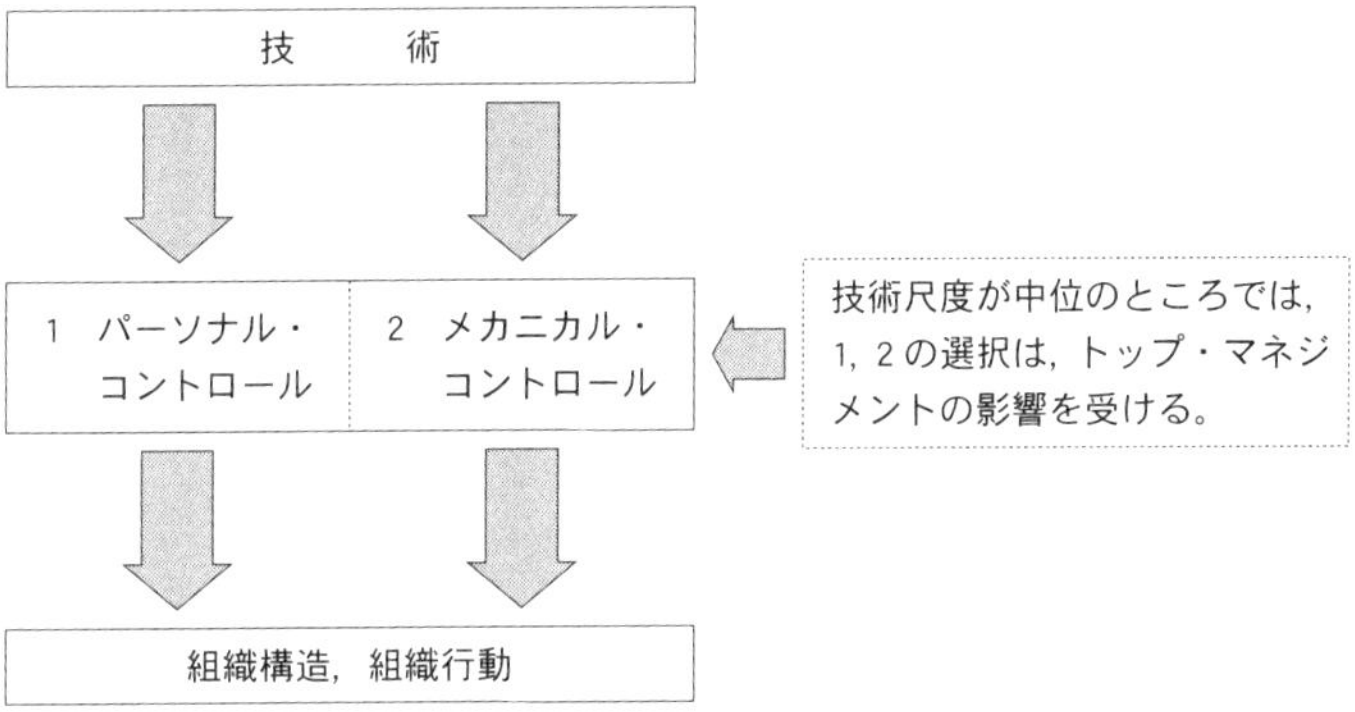

出所：Woodward, J. ed., *op. cit.*, 1970（前掲訳書）より筆者作成。

とで補っている（図表3－5参照）。コントロール・システムは、ウッドワード（一九七〇）では、技術システムや社会システムとは独立して扱われるが、[18]ウッドワード（一九七三）では、コントロール・システムの分類と技術のもともとの分類との間に関連があることが確認され、「コントロールは、技術の次元のように思われる」という記述が見られる。[19]ウッドワード（一九七〇）の「コントロール・システムの四類型」の図（図表3－1参照）において、技術が発展し複雑になるにつれて、生産ハードウェアの中にコントロールが組み込まれるようになっていることからもわかるように、彼らが実際に考慮しているのは、材料技術、生産技術である。

ウッドワードは意図的に技術概念から知識技術を排除し、知識やスキルが生産課業の結果生じるものと捉えているが、このことは、ウッドワードが、技術の選択だけでなく、技術の操作も想定していないことを意味する。

他方、エメリー[20]が挙げている「技術システムの次元」に

は、例えば、生産オペレーションの中心的役割の程度（生産プロセスが、特別な注意、努力、スキルを命令する程度）、保全作業の特性（高度な機械化は、保全に、より難解な要求を課す）等、知識、スキルなども含まれている。そして、「技術システムの次元」は、社会システムに影響を与える。エメリーは、純粋に技術的な要求は、通常、エンジニアだけの職分であるが、機械が人間の介入なしには生産できない場合、機械の設計とその調整は、それらと人間（オペレーター）のスキルとの最適な適合をとることも指摘している。

材料技術や生産技術を扱い、知識やスキルを活用するのは社会システムの側である。技術をどのように扱い、活用するかは、社会システムに左右される。したがって、社会―技術システム論では、技術システムと社会システムの「相互作用」と、それらの「最適な適合」、即ち、合成最適化を強調するのである。そしてそのために、個人のモチベーションや、個人や作業組織の自律性が重視されるのである。

エメリーは「課業志向」を説くのであるが、この、課業志向が出現するための重要な条件は、①個人が課業のプロセスと資材（material）に対してコントロールを持つことと、②課業の構造特性である。さらに、個人がどの程度コントロールを所有するかは、課業の性質、個人に委譲された権限だけでなく、個人が課業にもたらす知識やスキルに左右される。そして、これらの実現のためにも「作業組織の自律性」が必要とされる。[21] このように、社会システムと技術システムの相互の関係を社会―技術システム論では考慮しているのである。

この、「（双方向の）相互作用」「最適な適合」を考慮するのか否かの違いが、「どのように適合するのか」「いかに適合しやすくするのか」「適合できそうにないときはどうするのか」、ということに考えをめぐらせることにつながるのであり、「課業そのもの」も変えることになる。「適合できそうにないとき」即ち、システムが定常状態を維持できそうにないときは、社会システムに対する支援が考慮されている。そして、技術自体の選択、組織化につながっていくのである。

今後、技術における知識・スキルの側面が、企業においてさらに発展・複雑化し、社会システムとの相互作用の重要性がさらに増すならば、ウッドワードの「コントロール・システムの四類型」の図（図表3－1参照）自体を多元的に、より動的にすることも考える必要があるであろう。

（杉浦　優子）

第三節　技術と組織間関係

一　ウッドワードの技術概念とその拡張―ゲーワー（A. Gewer）を中心に―

これまでみてきたように、ウッドワードの研究においては技術が重視されてきた。これについてゲーワー[22]は、技術が重要な変数として研究の俎上に載せられた点で非常に意義があるとして、当時の学界への影響はもちろんのこと、今日の組織研究方法にも影響を及ぼし続けていると論じている。

本節では、この問題意識に基づきながら、技術と組織間関係との関わりについて検討する。その中で組織間関係論における技術の位置づけを学説史的に振り返り、技術という概念に対して十分な注意が払われてこなかったことを指摘する。しかしながら、現実の事象をみると、技術（プラットフォーム）のあり方が業界の組織間関係のあり方に影響を及ぼすことが見て取れることを、自動車産業における電気自動車への移行のケースを用いて説明する。そして最後に、技術が組織間関係研究においても重要な概念となりうることを示して、ウッドワードの研究が現代的意義を有することを指摘する。

但し、ここでは技術という概念を広く捉えている。彼女は、原材料を最終製品へと加工するために用いられる技法、即ち生産に関する一連のプロセスという形で技術を捉えているが、現実には製造業以外にもさまざまな業界があるために、その企業の製品・サービス提供に至るまでの一連のプロセスという捉え方がよいと考えられる。

二　組織間関係論における技術の位置づけ

組織間関係の形態を捉える視点は多く存在するが、その中の一つの論点が「形態の選択」である。どのような組織間関係の構造（形態）にするかが、組織のパフォーマンスに影響を及ぼすという前提のもとで、事業のつながり方（水平－垂直）と、関係の深さという視点から議論が行われてきた。特に後者についての議論が多く存在するが、例えば資源依存パースペクティブにおいては、依存性に伴う不確実性への対応として合併が望ましい方策といえるが、コストの面などでそれが困難な場合には合弁の採用といった方策が採用される、とされている[23]。また、吉田[24]は、組織間の関係の深さという点からTCS（Tightly Coupled System）–LCS（Loosely Coupled System）という分類を行い、それぞれメリットとデメリットが存在することを指摘している。

これらの議論では、組織を取り巻く外部環境という視点からの議論が行われることが多い。即ち、環境要因によって、望ましい組織間関係のあり方が異なる、というものである。他方で、技術が意識されている研究もあるが、技術のタイプといった視点からの議論は少ない。例えばダイアーら（J. H. Dyer et al.）[25]は、企業間の提携や買収といった合従連衡では、その将来性、結果、そして成果が得られる時期が分からないまま、どのような関係を形成するかを決定せざるを得ないため、パートナーの技術や製品、そして市場からの受容性といった点での不確実性を考える必要があると論じている。そして不確実性が高い場合には買収は避けて、買収に比べて資金も時間も少なくて済む提携を選択することによって、いざという時の損失を抑えることができ、成果が上がり始めたならば関係を強化し必要な場合には買収も視野に入れ、他方で成果が得られなければ、提携を解消することもできることを指摘している。このように技術のあり方ではなく、技術の将来性といった議論が行われている。

また、近年の組織間学習研究においては技術の話が多くなされているが、そこでは技術の補完性あるいは移転といった形での議論が行われており、どのような技術においてどのような構造が適切になるのかといった議論は多くない。

三　技術と組織間関係―自動車産業を中心に―

しかし前述のゲーワーによれば、技術と組織間関係との間に一貫性が存在する。したがって本節では彼の議論に基づいて、さまざまな業界における組織間関係が、その業界固有の技術的基盤の上に成立していることを示す。

ケースとしては、自動車産業に焦点を当てる。そこではこれまで系列と呼ばれる取引慣行が主流であったが、近年の電気自動車への移行によって、その変化の可能性が指摘されている。この点をプラットフォームという視点との関わりで検討する。

ゲーワーによれば、プラットフォームとは、技術的な基盤であり、技術、製品、サービスなどでありうる。それは多様な存在であり、例えば宮崎[26]は異なる二種類の顧客グループをたがいに結び付けて、一つのネットワークを構築するような製品・サービスのことを意味すると述べている。また、製品設計の分野などではアーキテクチャといった用語で語られるものもプラットフォームの一例であると考えられている。このようなプラットフォームは業界構造を変え、企業間のパワーバランスを変え、イノベーションを促進し、競争・イノベーション・組織に関する新たな問題を提起する。

このような問題意識に基づいて自動車産業におけるプラットフォームと組織間関係を見てみよう。日本の自動車産業においては、系列が特徴的な慣行として挙げられることが多い。山田[27]によれば、系列とは「系列取引：長期継続的で安定的な取引関係」であり、自動車産業においてはこれをベースとしてジャスト・イン・タイム生産方式が動いている。そして自動車メーカーと系列企業の結束と、系列企業の技術水準の発展とが一体となってジャスト・イン・タイムに象徴される日本的合理化を推進してきたとも言われている。その意味で系列は日本独自の慣行と言える。そのため、まずその歴史的経緯をみてみよう。

系列化が始まったのは第二次世界大戦後であり、下川[28]によれば、それを推進した自動車メーカーの動機としては以下の点を挙げることができる。第一に、日本における機械工業の未発達、自動車部品メーカーの未成熟という状況である。当時は汎用機中心の部品会社が多く、そこでは鋳造・鍛造等の水準が低く、自動車メーカーは育てるしかなかった。しかし、第二に当時の時点で自動車の部品数は数千点に上り、部品一つ一つを内製化する余裕がなかった。そして第三に中小部品メーカーの賃金水準が低く、下請け単価を下げることができた。

他方で部品メーカー側には、第一に安定した受注の確保、第二に社会的信用の高まり、第三に素材メーカーへの牽制力を持つ自動車メーカーを背景とした、安価かつ安定的な供給の保証、第四に自動車メーカーからの生産計画・商品開発・技術変化についての情報に基づく計画的な設備投資や要員採用、そして第五にメーカーからの技術指導や経営指導が可能となるといったメリットが存在したために、系列に属することを積極的に捉えた。

系列の持つ役割にはさまざまなものがあると言われている。植田[29]によれば、第一がジャスト・イン・タイムの実現のための貢献であり、これにより自動車メーカーの在庫低減を通じた効率的な生産が可能になった。第二が開発面での貢献である。系列企業側が長期的関係を前提に、製品開発業務を受けるようになり、その中で開発力を獲得していった。このことがグループ全体としての力につながっていった。

しかしながら、次のような問題点も指摘される。第一が在庫負担である。自動車メーカーのジャスト・イン・タイムの実現のために、系列会社が在庫を抱えるという問題が存在する。このことに加えて第二に、単価切り下げにより高い圧力が存在する。これらの二つの点が搾取として捉えられることもある。そして第三にもたれあいによる部品メーカーの創造性の減退が生じうる。

このように系列取引は長短所を併せ持つが、これまでグループとしての力が十分に発揮されてきたといえる。他方で、系列取引が近年は姿を変えつつあると言われている。その理由として、中国等の低価格部品の活用に伴う、購買・調達戦略の見直し、オープン化と呼ばれる系列を超えた取引の増加、海外生産比率の増大に伴うグローバルな点からのサプライヤー・システムの再構築などが挙げられる。

しかし、これらの変化は今までの自動車業界での競争の中で漸進的に生じるものである。他方で、自動車業界を巡る現状の動きに目を向けた場合、変革を促しうるような大きな現象が存在する。それは電気自動車の普及に向けた世界的な動きであり、次節では、自動車産業におけるＥＶ化の影響について検討しよう。

現在、ＥＶ等の次世代自動車への本格的な市場導入の機運が高まっており、また、将来的にはガソリンが枯渇することになり、ガソリン自動車からＥＶになっていくことも容易に予想できる。電気自動車がガソリン自動車と比較して、自動車構造・組立・設計等に関して大きく違う点は以下にあげることができる。第一に、部品点数の現象である。電気自動車の部品数はガソリン自動車の三分の一から十分の一程度に減少すると言われている。第二に、電気自動車の多くの部品のモジュール化が可能となる。その中で第三に、部品の共通化が進み価格は安くなっていくことが予想される。第四に、電気自動車は静穏性・機動性・加速性に優れており、ガソリン高級車なみの性能を備えている。第五に、スマートグリットとのつながりにより、生活におけるサービス提供を受けることができる。但し、このことは電気自動車の社会的インフラは十分に開発されてないため、電気自動車の開発とともに社会インフラを開発していく必要があることも意味している。

日本においては、二〇〇九年は「EV元年」と言われ、富士重工業からプラグインステラ、三菱自動車工業から iMiEV が、また後にゼロスポーツといった企業からも発売されている。経済産業省が発表した「次世代自動車戦略二〇一〇」によると、日本自動車工業会は一〇年後の二〇二〇年時点での国内EV普及率を最大で一〇%超と予測している。また、インフラ整備戦略においては二〇二〇年までに普通充電器二〇〇万器、急速充電器五〇〇〇器の設置を目指している。

このような特徴を有するEVへとシフトすることにより、自動車メーカー側は以下のようなメリットを享受することが可能となる。第一に、部品の共通化が進み、部品の価格が下がるとともに、部品調達がしやすくなる。第二に、部品点数が大幅に減少することにより、組み立て人材、組み立て時間、組み立てコスト、部品調達コストが減少し、製造コストが減少する。第三に、擦り合わせ部分が減少し、開発の短縮化が見込まれる。他方で、サプライヤー側にとっては、以下のメリットが考えられる。第一に、部品モジュール化により共通部品が増え、メーカーごとの擦り合わせが減少し、部品の量産が可能になる。第二に、共通性の高い部品の供給体制が柔軟になり、在庫管理、生産管理、等が容易になることにより、部品の生産コストが減少する。第三に、競争力の高い共通部品を生産することで系列のみでなく多くのメーカーに部品を供給できる。

こういったメリットにより、自動車メーカーは、競争力の向上のために、より高品質で、より安価で、より安定供給可能な部品を求めて、世界中のサプライヤーを探していくことが可能となる。また、技術力の高いサプライヤーもそれを武器に系列に拘ることなく部品供給が可能になり、世界中の自動車メーカーへの販売を増やしていくことが可能となる。その結果、EVの生産方法および部品調達方法は大きく変わり、系列が変化する可能性がある。

このように、GVからEVへの移行は、単に新製品が登場するということだけではなく、自動車という製品のアーキテクチャ、即ちプラットフォームが大きく変化し、それによって系列という自動車産業における既存の組織間関係の構造を変える可能性があることを意味している。

四　ウッドワードの現代的意義

技術が組織構造に影響を及ぼすというウッドワードの議論は、自動車業界におけるガソリン自動車から電気自動車への移行という現象においても、一定程度の説明力を持ちうることが示された。このことは、彼女の研究は、組織間関係研究にも拡張可能である。そして組織間関係論におけるそのような研究蓄積は十分ではないが、現実の世界に目を向ければ、さまざまな手がかりを見ることができる。例えば、航空業界においては、スターアライアンス、ワンワールド、スカイチームといった、巨大なグローバルアライアンスが形成されている。また、小売業界においては、フランチャイズチェーン（FC）といった、本部と加盟店という独立主体間での関係をベースにした店舗展開が盛んである。これらは、その業界で類似した組織間関係が偶然形成されているということではなく、その背後にある業界特性にフィットした形で組織間関係が形成されていることを意味している。その意味でウッドワードの研究は、半世紀近くを過ぎた現在でも大きな意義を持っていることが分かるだろう。

（小橋　勉）

注

（1）岸田民樹「革新のプロセスと組織化」『組織科学』第二七巻第四号、一九九四年、一二一―一二五頁。

（2）同書。

（3）Woodward, J. ed., *Industrial Organization: Behaviour and Control*, London, Oxford University Press, 1970, pp. 4-5.（都筑　栄・宮城浩祐・風間禎三郎訳『技術と組織行動―サウス・エセックス研究その後の展開―』日本能率協会、一九七一年、四―五頁。）

（4）以下を参照。岸田民樹『経営組織と環境適応』三嶺書房、一九八五年。

（5）Emery, F. E., "Characteristics of Socio-Technical Systems," London, Tavistock Institute of Human Relations Document No. 527, 1959 (excerpts reprinted in E. Miller, ed., *The Tavistock Institute Contribution to Job and*

Organizational Design, Vol. I, Aldershot, Ashgate, Dartmouth, 1999, pp. 347–368). Emery, F. E., "Characteristics of Socio-Technical Systems," E. Trist and H. Murray, eds., B. Trist, assistant ed., *The Social Engagement of Social Science: A Tavistock Anthology, Vol. II: The Socio-Technical Perspective*, Philadelphia, University of Pennsylvania Press, 1993, pp. 157–186.

（6） 以下を参照。Trist, E. L., "The Sociotechnical Perspective: The Evolution of Sociotechnical Systems as a Conceptual Framework and as an Action Research Program," A. H. Van de Ven and W. F. Joyce, eds., *Perspectives on Organization Design and Behavior*, New York, John Wiley & Sons, 1981, pp. 19–75.

（7） 以下を参照。Trist, E. L., G. W. Higgin, H. Murray and A. B. Pollock, *Organizational Choice: Capabilities of Groups at the Coal Face Under Changing Technologies: The Loss, Re-Discovery and Transformation of a Work Tradition*, London, Tavistock Publications, 1963.

（8） 以下を参照。Emery, *op. cit.*, 1959 (1999).

（9） Trist, *op. cit.*, 1981, p. 34.

（10） 以下を参照。Trist, E. L., "Adapting to a Changing World," *The Labour Gazette*, Vol. 78, 1978, pp. 14–20.

（11） 岸田民樹「はじめに」岸田民樹編著『組織論から組織学へ―経営組織論の新展開―』文眞堂、二〇〇九年、ｉ－ｖ頁。

（12） 杉浦優子「社会―技術システム論と作業組織」岸田民樹編著、同上書、四九―五一頁。

（13） Woodward, J., "Technology, Material Control, and Organizational Behavior," A. R. Negandhi, ed., *Modern Organizational Theory: Contextual, Environmental, and Socio-Cultural Variables*, Kent, Ohio, Kent State University Press, 1973, pp. 59–60.

（14） 以下を参照。Trist, E. L., "Foreword," W. Brown, *Exploration in Management*, London, Heinemann, 1960, pp. xiii–xxii.

（15） Trist, *op. cit.*, 1978, p. 14.

（16） 岸田、前掲書、一九八五年、七三頁。

(17) Woodward, *op. cit.*, 1970.（前掲訳書。）
(18) Woodward, *op. cit.*, 1970, p. 38.（前掲訳書、五〇―五一頁。）
(19) Woodward, *op. cit.*, 1973, pp. 67–68.
(20) Emery, *op. cit.*, 1959 (1999, p. 357). Emery, *op. cit.*, 1993, pp. 161–166. なお、ウッドワードも、エメリーの「技術システムの次元」について触れている。以下を参照。Woodward, *op. cit.*, 1970, p. 33.（前掲訳書、四三頁。）
(21) Emery, *op. cit.*, 1959 (1999).
(22) Gewer, A., "The Organization of Technological Platforms," N. Phillips, G. Sewell, and D. Griffiths, eds., *Technology and Organization: Essays in Honour of Joan Woodward*, London, Emerald Group Publishing, 2010, pp. 287–296.
(23) Pfeffer, J. and G. R. Salancik, *The External Control of Organizations*, New York, Harper & Row, 1978.
(24) 吉田孟史「組織間システムの類型と変化の特性」『経済科学』（名古屋大学）第三九巻第四号、一九九二年、一四五―一六〇頁。
(25) Dyer, J. H., P. Kale and H. Singh, "When to Ally and When to Acquire," *Harvard Business Review*, July, 2004, pp. 108–115.
(26) 宮崎正也『コアテキスト　事業戦略』学文社、二〇〇九年。
(27) 山田耕嗣「第三章　系列取引」高橋伸夫編『超企業・組織論』有斐閣、二〇〇〇年、三五―四四頁。
(28) 下川浩一『グローバル自動車産業経営史』有斐閣、二〇〇三年。
(29) 植田浩史「第九章　企業間関係：サプライヤー・システム」工藤　章・橘川武郎・グレン・フック編『現代日本企業　第一巻：企業体制（上）』有斐閣、二〇〇五年、二四〇―二六四頁。

第四章　ネオコンティンジェンシー理論の理論的・思想的性格

——L・ドナルドソンにおける「組織理論の擁護」——

第一節　序言

組織構造と状況要因（contingency）との適合関係を問題とする「構造的コンティンジェンシー理論」（structural contingency theory）が発展した主要舞台は言うまでもなく米英両国であったが、イギリスは相対的に独自的な役割を果たした。というのも、一方では、構造的コンティンジェンシー理論に関して、インペリアル大学（Imperial College）のウッドワードとそのグループが状況要因を技術（technology）に求めてパイオニア的地位を築いた。またほぼそれに並行して、アストン大学（Aston University）の研究グループによるアストン研究（Aston studies）が状況要因を技術に限らず規模など多様な変数に求めるとともに、組織の構造特性を規定する要因分析に基づく組織構造の操作的類型化を行うことで構造論的実証研究に大きな影響を与えた。他方では、この構造的コンティンジェンシー理論に対して戦略的決定過程の欠落を指摘して組織構造研究の対抗的方向を打ち出したのも、ヒクソン（D. J. Hickson）やチャイルド（J. Child）などアストン・グループのメンバー自身であった。

ウッドワード没後四十周年を記念してインペリアル大学関係者が編んだ書で、セーウェル（G. Sewell）とフィリップス（N. Phillips）は、一九八〇年代初期までにウッドワードの研究は組織理論の中心ではなくなり始めたと述べて、それがさまざまな形で現れた解釈主義的アプローチや方法論的個人主義への重点の移行によるところ大であったと説いている。(1) ウッドワードが先駆的に進めた構造的コンティンジェンシー理論が、往年に誇った隆盛の勢いを失うに至った状況を指摘していて示唆的である。(2) その背景にあったとされるものの正体は、私見によればポストモダニズム思想に結びついており、重要な指摘である。ただ、コンティンジェンシー理論を巡る実情をこの流行変化のみに帰して理解すると別の問題が見逃されることにもなりかねないので、注意を要しよう。流行とは別に、構造的コンティンジェンシー理論自身のうちにも何らかの原因的要素はなかったかということも考えてみる必要があるからである。

コンティンジェンシー理論を巡る以上のような状況の中にあって、ここで注目と考察の対象とするのは、こうした現状そのものに対して真っ向から批判論を展開してきたドナルドソン（L. Donaldson）の理論である。ドナルドソンにとっては、組織理論の本道はあくまでも構造的コンティンジェンシー理論にあり、組織構造の研究に戦略論的視点の導入は無用であるとともに、他のさまざまな諸理論が乱立・跋扈している組織理論分野の状況は容認し得ないものである。構造的コンティンジェンシー理論の立場から組織理論を発展させることこそが、組織理論そのものを「守る」道である。このようなドナルドソンのラディカルなまでに厳しい思想は、欧米の社会学・経営学分野の中でもひときわ異彩を放っていることは間違いないであろう。その矛先は特にアメリカの組織論全般に見られるいわゆる「パラダイム増殖」という現状に向けられて、その総括的批判の展開となり、さらには組織構造と状況要因との関係説明に独自的見地を加えた「ネオコンティンジェンシー理論」の提唱へと至る。ドナルドソンは、一九七七年よりオーストラリアのニューサウスウェールズ大学(University of New South Wales)の Australian Graduate School of Business に所属するが、かつてはアストン大学を卒業してロンドン大学で Ph.D を取得し、なおかつアストン研究にも参加した経験を有する社会学者である。ウッドワード系統の構造的コンティンジェンシー理論の現在における最大の擁護者が、構造論と戦略論の双方に深く関わったアストン大学ゆかりの論者であるという事実は、ある意味で興味深いものがある(3)。

以下では、まず「ネオコンティンジェンシー理論」の特徴点を明らかにし、それがドナルドソンにおける組織理論への批判論ないし擁護論とどのように関わっているのかを検討し、その問題点について考察するという順序で論を進めることとする。

第二節　ネオコンティンジェンシー理論の構造と特徴

一　ネオコンティンジェンシー理論の構造

ドナルドソンによれば、構造的コンティンジェンシー理論は三つの中核要素によって構成される。①コンティンジェンシーと組織構造の間に関係がある。②コンティンジェンシーは組織構造を決定する。なぜならコンティンジェンシーを変える組織は、結果として組織の構造を変えるからである。③あるレベルの組織構造変数が各レベルのコンティンジェンシーに対して適合（fit, match）すると、より高い業績をもたらし、不適合（misfit, mismatch）はより低い業績をもたらす。この適合―業績関係にこそコンティンジェンシー理論の核心がある。ドナルドソンはこの理論をあらゆる批判に抗して防衛・擁護することに自らの使命を見出すのであるが、コンティンジェンシー理論そのもののうちになお解決されるべき問題がいくつかあるとして、三点を指摘する。いずれも、コンティンジェンシー理論の核心部に関わっている。(4)

第一に、組織は適合―不適合―適合を繰り返す。従来は、不適合から適合への説明に留まっていて、適合から不適合への動きに無関心であった。適合を達成すれば、組織はそこに留まると仮定されていた。しかし、実際には状況変化への適応過程は、適合から不適合への移行を内包している。不適合は組織業績悪化につながるので、この動きに合理的理由がなければならない。つまり、組織はなぜ適合を抜け出してまず不適合へと動くのかが説明されねばならない。

第二に、不適合にある組織が適合を目指して構造を変えるとしても、どんな構造が現在の状況要因に適合するのかはっきりしない。適合のための構造変革がいつどのようにして起こるのかが説明されねばならない。

第三に、適合―不適合―適合のサイクルの中で、組織は時間経過とともにある適合から他の適合へと移行する。この移行によって業績余剰が得られないとすれば、適応過程に意味がないことになる。すべての適合は同じ高さの業績を生むという等業績（iso-performance）の仮定は、修正されねばならない。

伝統的コンティンジェンシー理論から「ネオコンティンジェンシー理論」へというドナルドソンの主張は、これら三問題の解決をうたって提起されるのである。その内容の概略は次のように構成されている。（一）と（二）は第一の問題に、（三）は第二の問題に、（四）は第三の問題にそれぞれ対応している。

（二）　組織適応のSARFIT理論

状況変化への組織の適応過程の全体はSARFIT（Structural Adaptation to Regain Fit）理論によって説明される。状況要因に適合している組織は、その適合のゆえに高業績をあげる。この高業績は余剰資源（組織スラック）を生み出し、これが組織に内生的な状況要因の変革（規模拡大、地理的拡大、技術革新、多角化など）に導く。状況要因のこのレベル増大は既存の組織構造との不適合をもたらす。つまり高業績は、組織が適合から不適合に動くようにとフィードバックするのである。この不適合は業績悪化、最終的には業績危機につながる。そこで組織は適合による業績回復を図るために組織構造の適応的変革へと向かうことになる。(5)

SARFIT理論には、コンティンジェンシー理論に対するいくつかの含意が認められる。何よりも、静的均衡理論であったものを動的不均衡理論に塗り替えたということがある。均衡―不均衡―均衡の動的過程を示そうとするものである。従来は、低業績によるフィードバック効果（組織構造の増大）によって、不適合―適合の動きのみを考えていたのに対して、高業績によるフィードバック効果（状況要因の増大）を導入することで、適合―不適合の動きを組み込んだのである。同時にそこでは、組織構造を規定するものが状況要因という客体的要素に求められていて、組織管理者の主体的意思は与件として前提されているに留まる。また組織の状況適応過程の動因となるものが組織業績であることが鮮明になっている。組織業績は組織構造と状況要因のいずれの変化をも媒介する要因として重要な役割を果たす。この点は、機能主義の立場を示すものであり、「業績駆動的組織変革の理論」（theory of performance-driven organizational change）として、すでに別の一書で詳しく論じられているところである。(6)

（二）　組織のポートフォリオ理論

組織変革が業績によって駆動されるものであるとすれば、組織変革理解の鍵は組織業績の原因となるものは何かにかかってくることになる。SARFIT理論は、組織構造の状況要因への適合いかんが組織業績の主要原因となることを示しているが、それ以外のものには触れられていない。そこで適合以外の多様な諸原因が探られて、「組織のポートフォリオ理論」(organizational portfolio theory)が提起される。適応以外に組織業績の原因となる諸要素は、組織変革を促進する四要素と組織変革を抑制する四要素からなる。促進的要素は景気循環、競争、負債、事業部門リスクからなり、このうち景気循環と事業部門リスクは組織リスクの増大によって、競争と負債は組織業績水準を低下させることによって組織変革に作用する。抑制的要素は多角化、事業部制化、撤退、役員からなり、このうち多角化、事業部制化、および役員は組織リスクの減少によって、撤退は組織業績水準を増大させることによって組織変革に作用する。これら八要素は、適合と相互作用することを通じて、不適合組織が適応的変革を行うかどうか、また適合組織が高い変化率で成長するかどうかを決定することになる。例えば、多くの大企業では抑制的要素の作用が強く、これが適応問題を慢性的に遅延させる傾向があるとされる。

これら諸要素が組織のポートフォリオを構成するという見方は、金融商品に関わる本来のポートフォリオ概念とはかけ離れているが、そこに含まれるリスク概念を借用しようとしたものである。組織変革が起こるためには、組織業績の諸原因が時間経過とともに組織業績に一定の変動(fluctuation, variation)をもたらす組織リスクを生むような仕方で作用する必要がある。組織業績が向上するにせよ低下するにせよ、組織業績の変動が適応的組織変革への引き金になるからである。リスク分散とリターン最大化のためのポートフォリオではなく、いわばリスク発生と組織業績変動のためのポートフォリオとでも言えようか。低から高へ、また高から低へとフィードバックする組織業績の反復的な「揺れ」(swing)が、状況要因と組織構造それぞれの反復的増大を通じて、組織の成長につながると見なされているのである。

その狙いはともかく、この理論には一見して疑問点が多いことは否定できない。例えば多角化、事業部制化、役員は組織リスクを減少させ、撤退(divestment)は組織業績を向上させるなどという一般化的言明は、あまりにも一面的で単純・粗雑に過ぎよう。それぞれの要素は、それこそ組織が置かれたさまざまな具体的状況に応じてさまざまな効果を生むのではないか。なかでも役員(directors)がなぜ組織リスクを減少させる要素なのかを見てみると、ここでいう役員とは非執行役員(nonexecutive directors)のことで、彼らは執行役員よりも会社にとってリスキーな行為方針を認めることが少なく、コストと利益のバランスを重視するという。コーポレートガバナンス機構の建前を持ち出しているわけであるが、現実的理論化とはとても言えない。そもそも、組織業績の諸原因をコンパクトなポートフォリオにまとめて説明しようとする発想自体に多分の問題があると言わざるを得ない。しかしながら、ドナルドソンにおいてこのポートフォリオ論は、上記の業績駆動的組織変革論を展開するための基本的な準拠枠組みとなるものである。

(三) 準適合としての組織適応

伝統的コンティンジェンシー理論では、組織が不適合から適合に移行すると言うとき、何が適合であるかを知っていることを暗黙の前提としていた。しかし、状況要因のどのようなレベルに対して構造変数のどのようなレベルを対応させれば適合になるのかが事前に分かっていて、それに向かって組織変革をすると考えることは非現実的である。予想と試行錯誤により事後的に適合が判明するというのが関の山であろうし、それも完全な適合ということは考えられない。適合判断の基準となる組織業績そのものが満足基準でしかないとすれば、適合はあくまでも相対的で一時的・可変的なものたらざるを得ない。つまり、組織は適合に接近しようと努力するが、完全な適合を達成することはないのである。この意味で、組織適応は準適合（quasi-fit）の追求に他ならない。

サイモン（H. A. Simon）の限定合理性論の適用に他ならないが、これによってコンティンジェンシー理論の適合論に何か基本的な性格変化や前進が生ずるとは考えられない。よりよい適合を求めて組織は動くという当然のことを言っているに過ぎない。完全適合そのものが分からないのである以上、不完全適合の不完全さの度合いも分からない。状況要因が求める方向に向かって構造変数を動かすだけである。方向を間違えば準適合どころか不適合となってしまう。事業部制といっても完全な事業部制を実現している企業は稀であるといった例が挙げられているが、問題は事業部制の完全な姿を達成できるかどうかではない。業績に駆動され、業績を基準としてなされる組織変革である以上、業績との関係が問題になるに過ぎない。適合が完全か準かを抽象的に問うことよりも、むしろ適合の判断基準となる組織業績とは何かが問われねばならない。組織業績に照らして初めて、適合の度合いも不適合の度合いも現実的意味を持ってくる。その場合、ドナルドソンにあっては組織業績の概念に経済的価値以外のものをほとんど考慮に入れていない点が、問題となってくるところである。

（四）　異業績としての適合結果

どんな適合も適合としては同じ業績を生むという等業績[7]の仮定は、異なる適合は異なる業績を生むという異業績（hetero-performance）の仮定に置き換えられる。組織が状況要因（規模や技術など）のレベルを増大する（大規模化やハイテク化など）のは、より高いレベルでの組織適合によってより高い業績を得られると期待するからである。同じ業績しか得られないのであれば、低レベルの状況要因の下での適合から抜け出すインセンティブは生まれない。これまた当然のことを言っているに過ぎないが、ドナルドソンによれば、この事態は次のことを意味している。組織業績の原因はあくまでも組織構造にあって、状況要因が業績の原因になることはない。状況要因は組織構造の組織業績への影響のモデレータとして作用する役割を果たすのである。この点、等業績の仮定を置いていた伝統的コンティンジェンシー理論は、状況要因を状況要因としてしか見ておらず、モデレータというそれ以上の役割を見ていなかったという意味で理論的近視眼であったという。こうした限界を破るところに、ドナルドソンは自説を「より洗練された理論」（more rounded theory）と見なすのである。

二　ネオコンティンジェンシー理論の特徴

以上、ネオコンティンジェンシー理論の骨子を概観した[8]。構造的コンティンジェンシー理論の伝統に立ちながらも、いくつかの修正と追加を行うことによって、コンティンジェンシー理論の動態理論化を図ったところに、全体としての特徴を見出すことができる。状況適応結果としての組織構造そのものよりも、状況適応過程とそれに伴う組織構造の変動メカニズムに関心の重点を移したと言えよう。これは、コンティンジェンシー理論は静態論であるというかねてからの批判に対して、ドナルドソン自身がその欠陥を認識して修正を加えて見せたものと解することができる。体系的理論と言えるかどうかには問題があると思われるが、SARFIT理論を基礎に据えつつ組織ポートフォリオによる業績駆動的組織変革論を形成した段階で、ネオコンティンジェンシー理論は実質上ほぼ完成していたと見てよいであろう。ともあれ、以上のようなネオコンティンジェンシー理論こそがドナルドソンが目指してきた組織理論の姿であるとするならば、そこに組織理論を巡るドナルドソンのものの見方・考え方が凝縮されて体現されているものと考えられる。そこで次に、ドナルドソンのこれまでの諸著作での主張に立ち返ることで、この理論の基底にある思想的側面を探ってみる。

第三節　ドナルドソンにおける組織理論の批判と擁護

一　ドナルドソンの組織理論批判

ドナルドソンは一九八五年から二〇〇一年にかけて、組織理論に関する著書を次々と刊行した。列挙すると、次の通りである。(9)

①『組織理論の擁護のために―批判者たちへの回答―』一九八五年。
②『アメリカの反経営者的組織理論―パラダイム増殖批判―』一九九五年。

③『コンティンジェンシー理論』（編著）一九九五年。
④『実証主義的組織理論のために—中核部の実証—』一九九六年。
⑤『業績駆動的組織変革—組織のポートフォリオ—』一九九九年。
⑥『組織のコンティンジェンシー理論』二〇〇一年。

⑥で初めて「ネオコンティンジェンシー理論」の名称が登場する。⑤がこれに密接な理論的関連があることは上述の通りである。③はコンティンジェンシーを不確実性、規模、衰退、戦略、環境に分けて、過去に発表されたさまざまな論者による合計二〇本の代表的論文を選んで配したアンソロジーである。残る三著①②④はいずれも多様な組織理論に対する根本的批判論を含んでいる。集中的に批判対象となっているものを挙げてみると、次のようになる。①では社会的行為論、組織社会学、マルクス主義的組織理論、戦略的選択論、②では組織個体群エコロジー、制度理論、資源依存理論、組織経済学（エージェンシー理論・取引コスト理論）、④では戦略的選択論、政治学、ブラウ(P. M. Blau)の組織理論、コンフィギュレーション理論など。

このように多種多様な理論が批判対象になっている背景には、次のような事情があったと考えられる。ドナルドソンの見解では、組織理論は組織の構造理論であり、組織の構造理論は組織のコンティンジェンシー理論でなければならない。ところで、組織理論はあくまでもパーソンズ以来の構造機能主義の伝統に立脚すべきものである。構造機能主義は静態的・価値志向的・保守イデオロギー的などの批判を受けるとともに、その機能主義的合理主義に対する非機能主義的非合理主義からの、またその実証主義に対する主意主義・解釈主義からの挑戦と批判が台頭した。構造機能主義へのこうした批判の波は当然それに依拠するコンティンジェンシー理論への批判に直結し、コンティンジェンシー理論に根本的（radical）で破壊的（damaging）な影響を及ぼさずにはおかない。それゆえ、そのような要素と性格を有する理論は何であれ批判の対象となる。上に挙げた諸理論はまさにそのような要素と性格のゆえに取り上げられているわけである。批判論の基軸は何よりも機能主義と実証主義の擁護に据えられている。それらを擁護するためには厳しい攻撃がなされるが、後述のように、一部の理論に対しては、同時にその一定要素を摂取することで、コンティンジェンシー理論の充実に役立てるという見方も示している。これらの点に留意しつつ、ドナルドソンの諸理論批判の中から本章の範囲内で重要と考えられる若干問題を限定的に抽出してみる。

二　機能主義と実証主義

ドナルドソンが構造的コンティンジェンシー理論を擁護する根本的理由は、それが社会学的観点からする機能主義（functionalism）と実証主義（positivism）を同時的に満たす立場に立つ組織理論であると考えるからである。そのことは、自らのSARFIT理論に拠りながら次のように説明される。組織は環境の中に存在し、環境は状況要因（contingencies）を形作り、状況要因は組織が有効的に活動するために採用する必要のある構造を決定する。組織の有効性（effectiveness）は組織構造と状況要因との適合によって影響され、このことが組織をしてその構造を状況要因に適合するよう適応させることに導く。このような理論が機能主義的かつ実証主義的理論であることは、次のように理解される[10]。

まず、機能主義ということの意味は次の点にある。組織構造は有効性という一定の機能的結果を生む、あるいは組織は有効的であるために必要な組織構造を採用するように動くということである。ここにおける有効性は、前述の組織業績と同義に使われている。組織構造を組織有効性にとってどのような結果を生むかによって説明し、組織構造も組織構造の変化・変革も組織の機能的適応の結果であると見なすところに、機能主義的理論としての性格がある。構造は機能的であると見なすのが構造機能主義だとすれば、先に触れた「業績駆動的組織変革」という見方はまさしく構造機能主義そのものに他ならない。さらに敷衍すれば、機能主義的組織理論は組織を客観的な目的追求システムとして把握し、目的合理性原理に基づいて組織構造を説明する。つまり、組織構造を行為主体の個人的な利害や主観的意識によっては説明しないということである。この点は、実証主義と表裏一体の関係にある。

他方、実証主義というコンティンジェンシー理論の性格は、ドナルドソンによれば次の諸点に現れる。

① 法則定立的（nomothetic）である。状況要因と組織構造の間の一般的因果関係を追求する。

② 理論に関係する調査が方法論的に実証主義的である。経験的比較研究、変数の測定、データの統計的分析など。

③　組織構造を、観念、イデオロギー、認知、規範などのような観念的要因（ideationalist factors）によってではなく、規模や技術などのような物質的要因（material factors）によって説明する。
④　管理者は、組織有効性を獲得するために、状況要因によって要求される組織戦略を採用しなければならないものと見なされるという意味で決定論的（determinist）である。
⑤　机上の思弁ではなく、経験的調査による情報に基づいている。
⑥　タイプにおいて意識的に科学的であり、自然科学で達成されるタイプの科学的知識を生み出すことを目標とする。

実証主義が多様な側面を有することを示していて、示唆に富む指摘である。これらのうち①と⑥、②と⑤は実質的に同じことを指すと見なせば、実証主義には①②③④の四点があることになる。②のいわゆる実証研究が実証主義の一部であって、すべてではないことが分かる点は、留意しておくに値しよう。③と④は突き詰めれば、これもまた同じ事柄を指していることが判明する。一方で③は組織構造という物質的要因を説明するものは人間意識に関わる観念的要因ではなく、客観的な物質的要因でなければならないという考え方を表わしている。「観念、イデオロギー、認知、規範など」そのものが観念論的要因であるわけでは決してないので、また「物質的」との対照において使われていることからも ideationalist は「観念的」であって、「観念論的」ではない。しかし、後にも見るように、ドナルドソンは観念的要因を理論的説明の中に持ち出すこと自体をしばしば「観念論的」と受け止めている節があることには注意を要する。他方④は、状況要因が組織構造を決定するのであって、管理者の戦略的選択が組織構造を決定するのではないという意味で、決定論（determinism）の立場の表明である。これも選択に観念的要因が混入することへの批判的見地から来ている。管理者自身が determinist であるわけではなく、研究者から見て determinist な存在であるということである。

以上のように明らかになったドナルドソンの基本思想は、結局、コント（A. Comte）以来の実証主義とパーソンズ（T. Parsons）以来の構造機能主義という社会学的伝統の踏襲であり、それを組織構造の理論に適用しようとするものである。科学としての組織理論を擁護するためにはこの伝統的立場を発展させることこそが不可欠であると考えるドナルドソンの姿勢は、極めて明確で積極的な意味を持っている。ただ、経営学の立場から見た場合、組織における管理の問題に対する捉え方において問題点が浮かび上がることも事実である。この点を、吟味してみよう。

三　戦略的選択論と管理問題

コンティンジェンシー理論に対して否定的な影響を及ぼす反実証主義的理論として、ドナルドソンが特に重視するのはチャイルドの戦略的選択論とシルバーマン（D. Silverman）の組織理論[(11)]である。前者はコンティンジェンシー理論の決定論的性格に異論を唱えたことで広く知られているが、後者は構造機能主義やシステム理論に反対する立場から社会的行為論を展開した。一見したところでは関係がなさそうにも見える両者を結びつけてチャイルド批判がなされている。ここではチャイルドに焦点を絞ることとする。

チャイルドがコンティンジェンシー理論に対して行った問題提起には、二つの側面があった。組織構造を決定するのは状況要因ではなく戦略的選択であるという主張と、戦略的選択は政治的過程であるという見方である。

まず、決定因を状況要因ではなく管理者による選択即ち意思決定に求めるチャイルドの主張はどのようであったか。チャイルドは状況要因が組織構造に影響することを否定するわけではない。ただ、多角化や事業部制化、集権化や分権化などどんな組織構造も自然にあるわけではなく意思決定の結果としてである。その決定過程では環境や技術や規模などどんな状況要因も、利用し得る資源に照らしつつ勘案される。時には環境操作ということも行われるし、技術や規模自体が選択の結果でもある。組織適応の原因となる業績の尺度も選択によって決まる。状況要因が組織構造のデザインに一定の制約条件を課すことは事実であるとしても、状況要因と組織構造との間には選択という媒介項が介在するのである以上、両者の結びつきはコンティンジェンシー論者が言うほどに強いものではなく、状況要因による拘束は直接的なものではない。チャイルドは、選択という主体的機能にまったく役割を与えていない点で、コンティンジェンシー理論は単純に過ぎて不十分・不適切であるとし、十分・適切な理論は選択過程の理解から生ずると強調したのである。

管理機能の問題を無視すべきでないという意見として見れば、経営学的には至極まっとうな見地のようにも見えるが、チャイルド説の特異性はこの戦略的選択の過程を政治的過程として捉えた点にある。経営学的な管理論ともいわゆる経営戦略論とも性格を異にする。戦略的選択を行うのは組織をコントロールするパワーを持つ支配的メンバー（連合体の中の支配的構成体、dominant coalition）であるので、選択過程はそのパワーを維持・強化しようとする思惑・観念・認知・イデオロギーなどに影響される。そこには、労働者・労働組合のパワーとのコンフリクトもあれば、株主の圧力との摩擦もある。組織デザインはそれを反映する。支配的メンバーのパワーのために環境操作がなされたり、労働組合の望む方向での組織規模の選択を余儀なくされることもある。戦略的選択は、パワーに関わる多元的要因が作用する過程である。

このようなチャイルドの問題提起は、ドナルドソンの目から見れば、コンティンジェンシー理論への無理解であり、否定論であるとしか映らなかった。不十分性の指摘による十分な理論への発展の示唆は、ドナルドソンにとってはお門違いもはなはだしいということになる。なぜか。

一つには、問題となる「決定」の意味のすれ違いがある。ドナルドソンとて組織の管理者がさまざまな決定を行っていることを知らないわけでも否定するわけでもない。チャイルドのそうした行為主体による決定はドナルドソンにとっては所与であり与件である[12]。その与件の上で、問題とするのは、組織構造の状況要因への適合はいかにして起るかである。管理者の意思決定が適合を選択するわけではない。適合は組織の高業績に導くので組織は適合を達成しようとする。このため状況要因に変化ないし変更があった場合、発生する不適合を避けるよう動機づけられて、状況要因の新しいレベルに適合する新しい組織構造を採用する。かくして組織構造は状況要因によって決定される。なぜなら、業績低下を避けるために組織構造は状況要因に適合する必要があるからだ。状況要因は構造を直接決定するわけではないが、不適合という媒介項を経て構造に導くというわけである。ドナルドソンはチャイルドやその他の論者による決定論批判に繰り返し反論を加えてきたが、結局、状況要因の命令（imperative）への必然的服従としての決定論にその核心がある。先にも述べたように、この服従は結果的に判明する無機的・関数的決定であって人間主体の有機的・主体的決定ではない[13]。SARFIT理論の論理そのものが機能主義であると同時に決定論になっているのである。

見られるように、管理的決定が与件となったとたんに、決定は主体的行為からいわば数学的解の確定のごときものに変身している。数学的、形式的、関数的論理が問題になっている。decide, decisionではなくdetermin, determination なのである。関数的必然におけるdeterminism となる。ミクロ経済学が企業行動の背後にある決定過程をブラックボックス化しているのと同根である。適合を達成するとか、不適合を避けるよう動機づけられたり、組織構造を採用したりする行為主体も管理者という人間ではなく組織という擬人化された人工物である。チャイルドが強調した過程的理解の要求も、ドナルドソンにおいては適合への変数間の無機的関係の変動説明のうちに満たされているということになる。変数間の関数的関係の determination を問題にするのがコンティンジェンシー理論なのだとすれば、選択とか意思決定とか戦略とかを見ていないから単純で不十分だと言われても、コンティンジェンシー理論そのものとしては何の脅威にもならないわけである。コンティンジェンシー理論はその単純さと不十分性をこそ固有の特徴とする理論以外の何物でもないからである。ドナルドソンがいささかの動揺もなく構造的コンティンジェンシー理論擁護を標榜し続けることができる理由もそこにある。

そうだとすれば、チャイルドが真にこの不十分性を乗り越えて組織の状況要因への適応過程を説明するためには、戦略的選択を管理問題として捉えて組織デザインの戦略的過程として展開する方向へと向かうべきであった。そのときには、もはやコンティンジェンシー理論の枠組にこだわる必要はないわけである。管理問題として捉えるということは、管理者の機能的活動を組織目的達成のための活動として分析するということである。組織目的に対して機能的な組織構造の追求であって初めて戦略的選択は管理問題となる。ところがチャイルドは管理者や支配的メンバーとか戦略的選択や意思決定とかという言葉は使うが、管理ということには一切言及しない。視野に入っていないのである。組織構造の選択は管理者のパワーのための選択であり、パワーを巡るコンフリクトや交渉や妥協における選択である。組織構造は組織に対してではなく支配的メンバーに対しての機能性において捉えられているとでも言えようか。

それゆえ、ドナルドソンがチャイルドの理論に「主意主義」(voluntarism)のレッテルを貼るのも無理からぬところである。管理者の認知、価値観、イデオロギーなど非物質的・観念的要因を中心にして説明することになっている性格を否定できないからからである。管理者の組織における役割を把握した上で、その役割遂行上で物質的諸要因とともに観念的諸要因がどのように相互作用しながら組織構造に関係するかを究明するということは、大いにあり得ることである。しかしチャイルドにはそうした機能主義的視点が欠けているがために、上のような結果となるのである。ドナルドソンはこうした意味でこの理論を反機能主義で反実証主義として厳しく批判する。

しかしながら、ここで二点指摘しておかねばならない。第一に、ドナルドソンは戦略的選択と組織構造の説明に主観的・観念的要因を持ち出すこと自体に反対するように見えるところがあるが、それは正しくない。管理者の認知、価値観、イデオロギーが管理活動や管理システムや管理構造にどのような影響を及ぼすかは、管理問題の重要な一側面であり、実証主義的理論の課題でもある。物質的要因の重要性は観念的要因の無視や軽視の許容を意味するものではない。また組織の状況要因への適応過程はあくまでも合理的過程であって政治的過程ではないとも主張しているが、これは適応過程を管理過程として捉えていないことから来る誤解である。適応過程を無機的・関数的過程としてしか見ていないがためである。組織における管理過程は何よりも経済的過程として、また技術的過程として合理的過程であるとともに、政治的過程でもあり、社会心理学的、法的等々の過程でもある。政治的過程そのものは権力的過程として非合理的過程であるが、組織はそれをも合理的過程に組み込んで進むのである。社会心理学的過程や法的過程についてもまったく同様である。管理過程はまさに多元的諸過程の同時的・統合的達成を通じて実現される合理的過程であることをその本質とするものである。

第二に、ドナルドソンは、チャイルドの理論はシルバーマンの社会的行為論に影響を受けたものと見なして、両者をまったく同列に並べて批判するのであるが[14]、これには疑問がある。右に見るように鋭い指摘ではあるが、全面的には賛同し難いものがある。シルバーマンは実証主義批判の立場から構造機能主義、システム理論、コンティンジェンシー理論などに反対しているが、その基礎に置かれる社会的行為論（action frame of reference, social action theory）は自らも認めるように現象学や解釈学の立場である。社会的行為を意味世界において解釈主義的に捉える見方であって、ポストモダニズム的観念論の立場に立っている。しかし、パワーを巡る政治的過程は単なる意味世界の問題ではない。組織において普遍的に見られる現実的問題である。チャイルドに先駆けてヒクソンらが提起した「戦略的コンティンジェンシー理論」も、パワー視点から組織構造にアプローチした。[15] そこにおけるパワーを巡る部門間対立というどちらかといえば副次的問題は、その後、組織間の資源依存的パワーを巡る戦略視点から組織間の関係構造を分析する資源依存理論[16]につながっている。これらパワー視点からの組織構造理論を、観念論的な社会的行為論とまったく同列視し去ることはできない。パワー視点は、その実証主義的展開の可能性を有することまでも否定されるべきものではないであろう。ドナルドソンの反実証主義批判には、物質的要因の重視という正しい視点にも拘らず、それを観念的要因と切り離して捉える傾向が見られ、それらの相互作用性を顧慮しない一面性があることには注意を要する。

四　コンティンジェンシーの一般理論と統合理論

ドナルドソンは、アメリカの組織理論全体を見渡して、組織を合理的ではなく非合理的なものとして描く理論があまりにも多いことに注目する。経営者を変革に抵抗し、政治を演じ、自己権力拡大亡者であるものとして描き、経営者の役に立つどころか不快にしていると言う。そうした理論を「反経営者的理論」(anti-management theories) と呼ぶのである。特にその中から四つの理論を抽出して、集中的批判を加えている。組織個体群エコロジー、制度理論、資源依存理論、および組織経済学がそれである。それらの理論的・経験的妥当性に関する難点を論じて、構造的コンティンジェンシー理論こそが組織構造の説明をする上でいかに優れているかを繰り返す。しかしこれら批判対象となった諸理論にも、コンティンジェンシー理論をさらに発展させる上で役立つ部分は取り入れていく必要があるとも考える。ここでは、この点について簡単に触れておこう。

その前に、コンティンジェンシー理論の特殊性と一般性に関する見解を見ておく必要がある。ドナルドソンによれば、特定の状況要因(技術や規模など)と特定の組織構造側面(多角化、事業部制、集権、分権など)に焦点を当てれば、それらの特殊的関係が明らかになる。これは特殊的コンティンジェンシー理論のレベルである。抽象のレベルを上げて状況要因一般と組織構造一般の関係を理論化すれば、組織構造のメタコンティンジェンシー理論ないし一般的コンティンジェンシー理論が成立する。SARFIT 理論はまさにこの一般理論に他ならない。(17) この一般理論をより包括的な理論に発展させて統合的組織構造理論 (unified theory of organizational structure) を目指すというのがドナルドソンの構想である。コンティンジェンシー理論に対立的な諸理論からの摂取は、この構想に基づくのである。

各理論に対する批判点と摂取点を摘記すると、以下のようになる。

組織個体群エコロジー

組織変革を環境適応としてではなく自然選択によって説明し、個別組織による適応ではなく個体群レベルでの生存によって起るとする点で、構造的コンティンジェンシー理論に対立する。しかし組織死亡率の研究は生態学的変数だけでなく組織内変数にも適用して、組織構造の状況要因への適合の成功・失敗研究に応用できる。

制度理論

組織は制度的環境によって形成されるとして、規範、価値、神話、シンボルなど観念的要因を重視するのは反実証主義的であるが、組織の適合は制度的環境との関係でも考える必要がある。特に国家など外部組織による組織構造への影響など。

資源依存理論

組織を合理的システムとして見ておらず、組織における政治を過大評価しているが、組織間関係の中での環境への働きかけなどの点は、コンティンジェンシー理論にとっても重要である。

組織経済学

エージェンシー理論も取引コスト理論も人間不信の人間観を基礎に置いており、管理者を信用の置けないものと見なす。人間は組織に損害を与えてでも自己利益を追求するものと考える。エージェンシー理論は、一時的な顧客や一時的な納入業者に対応して、相手側の逆選択やモラルハザードに対処しなければならない時に、組織を修正するという形で役立つ。

結局、コンティンジェンシーの統合理論は他の諸理論からの選択的取り込みによる折衷理論の提唱という形に行き着いたと言えよう。反実証主義理論批判、反経営者的理論批判の厳しさからすれば、驚くほどの譲歩にも見えるが、これによって無機的・関数的理論がどこまで有機的・人間的な理論になり得るかは、なお疑問とせざるを得ない。コンティンジェンシー理論の視野を広げようとする努力は認められるが、管理概念の導入はまったく見えてこないからである。

第四節　結言

ドナルドソンによれば、アメリカの組織理論にはパラダイム増殖が著しく、一九六七年から一九九二年までの間に少なくとも一五の新パラダイムが打ち出されたという。上に見た四理論のうちの三理論もそれに含まれている。平均して二年毎に新パラダイムが提供された計算になる。この事態から組織理論は研究上も教育上も深刻な問題に直面しているというのが、ドナルドソンの観察である。一つには、新しいパラダイムが出るたびに、それまでの研究プログラムが中途半端なままに放置されることになったり、既存パラダイムで研究するよりも新パラダイムの構築の方が重要視されたりする。コンティンジェンシー理論もその例だという。また大学院生は新しいパラダイムに飛びついて古いパラダイムの学習がおろそかになる。一種のアカデミック・インフレーションが起きている。理論の蓄積と継承という点でも問題であり、今後は理論の新奇性（novelty）よりも妥当性（validity）が評価されるようになることが必要であると、ドナルドソンは警告する[18]。

組織理論におけるこのような状況の只中で、ドナルドソンは構造的コンティンジェンシー理論擁護の論陣を張って、パラダイム増殖の戦場に挑んだのである。ドナルドソンにとっては、戦場で他のさまざまな組織理論に切りかかることが即ち構造的コンティンジェンシー理論を擁護する道であり、構造的コンティンジェンシー理論を擁護することが即ち組織理論を擁護する道である。この戦いでドナルドソンが手にした武器は機能主義と実証主義であった。組織理論が科学として構築・展開されるべきであるとするならば、機能主義と実証主義を蔑ろにするようなパラダイムは許容し得ない。自ら作り上げたネオコンティンジェンシー理論にこそ機能主義と実証主義を体現したパラダイムの見本がある。これがドナルドソンの組織理論擁護における戦いの姿であった。

ネオコンティンジェンシー理論にこそ擁護されるべき組織理論の見本があるという考え方には、われわれは容易に承服し得ないものがある。組織構造を変数間の無機的・関数的関係において説明するコンティンジェンシー理論の本質に属する性格は、コンティンジェンシー理論の動態化の試みにも拘わらず何の変化もないからである。組織構造の変革による組織の状況適応の過程は、組織における管理機能に関わる管理問題として解明されるのでなければ、リアリティーを持った説明にはならないし、実践的意義もほとんど生まれてこないと考えられるからである。この点は、社会学的発想と経営学的発想との違いに関係しているかもしれない。ドナルドソンはあくまでも社会学的枠組みの中で考えている。構造機能主義の構造は社会全体の構造であり、社会の中の組織の構造ではない。管理者も管理もない社会構造の説明と管理者による管理によってコントロールされる組織構造の説明とでは、自ずと異なってくる面のある点への認識がない。ドナルドソンにおけるコンティンジェンシー理論があくまでも「構造的コンティンジェンシー理論」であって単なるコンティンジェンシー理論ではないこともこれに関係していよう。リーダーシップや計画やその他さまざまな管理要素に関するコンティンジェンシー理論の試みも数多くあり、「コンティンジェンシー管理」(contingency management)と総称されさえする経営学における状況は[19]、ドナルドソンの関心を惹くことはなさそうである。

しかしながら、パラダイム増殖への挑戦の中で、機能主義・実証主義擁護の旗を掲げて組織理論批判に取り組んだことは、ドナルドソンの大きな功績と言わねばならない。ドナルドソンの実証主義理解には、物質的要因の規定的地位を認めつつも観念的要因との相互作用にも配慮すべきことへの認識が乏しい点で、若干の難点を含んでいることは先に触れた。しかし、理論の科学性の確保のためには主意主義的・観念論的思考に陥らないようにすることが不可欠であるという明確なメッセージを一貫して発し続けてきた。これはドナルドソンの時勢に流されない冷徹で公正な研究姿勢を物語っている。そしてその点にこそ、ドナルドソンがウッドワードに淵源する構造的コンティンジェンシー理論のこの上ない擁護者として立ち現れていることが現代において持ち得る最大の意義を、われわれは見出すことができるであろう。組織理論におけるパラダイム増殖の実態をいち早く活写したのはバーレル(G. Burrell)とモーガン(G. Morgan)であったが、彼らは増殖したパラダイムを詳しく羅列して見せてくれはしたが、取るべき方向を指し示すことはなかった。[20] コンティンジェンシー理論と時を同じくして一九六〇年代から台頭したポストモダニズムの思想は、まさに機能主義と実証主義の清算を求めて、パラダイム増殖の一因となった。そうした思潮の盛行は、科学としての経営学にとっても重大な問題を含んでいる。[21] アメリカでもわが国でもそのことへの認識と関心があまりにも希薄な実態がある。その点でも、ドナルドソンの挑戦は貴重な意味を持つと言えるのである。

（稲村　毅）

注

（1）Sewell, G. and N. Phillips, "Introduction: Joan Woodward and the Study of Organizations," N. Phillips, G. Sewell and D. Griffiths, eds., *Technology and Organization: Essays in Honour of Joan Woodward*, London, Emerald Group Publishing, 2010, p. 12.

（2）インペリアル大学でウッドワードグループの一員として研究に参加したクラインはウッドワード没後三五周年記念講演において、ウッドワードの貢献に触れながら、組織化は抽象的原則にではなく生産技術の論理に従えばよいという今日では常識に見える考えは、当時は嵐を巻き起こしたが今日では忘れられた、しかしいかに組織化すべきかの一般的規則の探究はなお続いているという趣旨を述べている（Klein, L., "Joan Woodward Memorial Lecture: Applied Social Science: Is it Just Common Sense?," *Human Relations*, Vol. 59, No. 8, 2006, pp. 1155-1172.）。

（3）ドナルドソンの経歴については、次に詳しい。Donaldson, L., "Following the Scientific Method: How I Became a Committed Functionalist and Positivist," *Organization Studies*, Vol. 26, No. 7, 2005, pp. 1071-1088.

（4）Donaldson, L., *The Contingency Theory of Organizations*, London, Sage, 2001, pp. 7-8, 245-271.

（5）SARFIT理論そのものは、次の論文で提起されたものである（そこではSARFITのAはAdjustmentとなっている)。Donaldson, L., "Srategy and Structural Adjustment to Regain Fit and Performance: In Defence of Contingency Theory," *Journal of Management Studies*, Vol. 24, No. 1, 1987, pp. 1–24.

（6） Donaldson, L., *Performance-Driven Organizational Change: The Organizational Portfolio*, London, Sage, 1999.

（7） 「等業績」に似た言葉に「等結果性」（equifinality）がある。これはさまざまな使われ方をするので、必ずしも等業績と同義ではない。「どんな組織タイプも同じ結果を生む」、「同じ状況において同じ有効性を持ついくつかの異なる適合がある」、「状況変数の各レベルに広い適合圏がある」などは異義であり、「状況要因の各レベルに対する適合は同じ業績を生む」は同義である。しかし、等結果性には、等業績をあげる一つ以上の方法がある場合、組織はそこから選択できるという含みがあるとして、ドナルドソンは使わない（Donaldson, *The Contingency Theory of Organizations*, 2001, pp. 193–195）。

（8） ネオコンティンジェンシー理論を取り上げた論文として、次がある。林　徹「修正コンティンジェンシー理論批判」『経営と経済』（長崎大学）第八八巻第二号、二〇〇八年、二一一四四頁。

（9） Donaldson, L. ① *In Defence of Organization Theory: A Reply to the Critics*, London, Cambridge University Press, 1985; ② *American Anti-Management Theories of Organization: A Critique of Paradigm Proliferation*, Cambridge, Cambridge University Press, 1995; ③ *Contingency Theory*, Aldershot, Dartmouth Publishing, 1995; ④ *For Positivist Organization Theory: Proving the Hard Core*, London, Sage, 1996; ⑤ *Performance-Driven Organizational Change: The Organizational Portfolio*, London, Sage, 1999; ⑥ *The Contingency Theory of Organizations*, London, Sage, 2001. この後にさらに次があるが、目下のところ未見である。Donaldson, L., *The Meta-Analytic Organization: Introducing Statistico-Organizational Theory*, New York, ME Sharpe, 2010.

（10） Donaldson, *For Positivist Organization Theory*, 1996, pp. 1–5.

（11） Silverman, D., *The Theory of Organizations: A Sociological Framework*, New York, Basic Books, 1970.

（12） 「選択の役割は組織デザインモデルに導入されるべきではない。それはすでにそこにあったのである」という言葉で、管理的決定の所与性は表現されている（Donaldson, L. "Comments on 'Contingency and Choice in Organization Theory'," *Organization Studies*, Vol. 3, No. 1, 1982, p. 67.）。次をも参照。Schreyögg, G., "Contingency and Choice in Organization Theory," *Organization Studies*, Vol. 1, No. 4, 1980, pp. 305-326. Schreyögg, G., "Some Comments about Comments: A Reply to Donaldson," *Organization Studies*, Vol. 3, No. 1, 1982, pp. 73-78. "Offence and Defence: A Symposium with Hinings, Clegg, Child, Aldrich, Karpik, and Donaldson," *Organization Studies*, Vol. 9, No. 1, 1988, pp. 1-32.

(13) 人間主体の選択によらない無機的選択に注目する点では、組織個体群エコロジー（Freeman, J. and M. T. Hannan, "The Population Ecology of Organization," *American Journal of Sociology*, Vol. 82, 1977, pp. 926-964.）の「自然選択」（selection）も同じであるが、ドナルドソンの場合はあくまでも与件としての主体的選択を前提とする点で、自然選択論とは一線を画する。

(14) Donaldson, *In Defence of Organization Theory*, 1985, pp. 135-152.

(15) Hickson, D. J., C. R. Hinings, C. A. Lee, R. E. Schneck and J. M. Pennings, "Strategic Contingencies' Theory of Intraorganizational Power," *Administrative Science Quarterly*, Vol. 16, No. 2, 1971, pp. 216-229.

(16) Pfeffer, J. and G. R. Salancik, *External Control of Organizations: A Resource Dependence Perspective*, Stanford, Stanford Business Books, 2003.

(17) ドナルドソンはいわゆる「中範囲理論」（middle range theory）の問題にはまったく触れていない。シュラー（D. Schuler）によると、組織現象の諸変数の単一クラスター（例えば、リーダーシップ現象におけるリーダーシップ、タスクデザイン、モチベーションなどの諸変数）を対象にする理論は「小範囲理論」（narrow range theory）であり、複数のクラスターを統合的に対象にするのが「中範囲理論」である。いかなる「中範囲理論」よりも広く、かつそれと同じほど明確でテスト可能で整合的な理論は「超中範囲理論」（trans- middle range theory）であり、それよりさらに広いのが「誇大理論」（grand theory）、即ちすべての種類の組織に共通で、各種の組織に含まれるすべての現象を扱う「一般理論」である。Schuler, R. S., "Middle Range Theories: Clusters of Clusters of Organizational Phenomenon," C. C. Pinder, and L. F. Moore, eds., *Middle Range Theory and the Study of Organizations*, Boston, Martinus Nijhoff Publishing, 1980, pp. 113-126.

(18) Donaldson, *American Anti-Management Theories of Organization*, 1995, pp. 1-11, 230-232.

(19) 例えば、次を参照。Koontz, H. and C. O'Donnell, *Management: A Systems and Contingency Analysis of Managerial Functions*, 6th ed., New York, McGraw-Hill, 1976. Hellrigel, D. and J. W. Slocum, *Management: Contingency Approaches*, 2nd ed., Massachusetts, Addison-Wesley Publishing Co., 1978.

(20) Burrell, G. and G. Morgan, *Sociological Paradigms and Organizational Analysis: Elements of the Sociology of Corporate Life*, London, Heinemann, 1979.（鎌田伸一・金井一頼・野中郁次郎訳『組織理論のパラダイム—機能主義の分析枠組—』千倉書房、一九八六年。）

(21) 稲村 毅「現代経営学の思想的諸相—モダンとポストモダンの視点から—」経営学史学会編『経営学の思想と方法』文眞堂、二〇一二年。

終章　ウッドワードと状況適合理論の生成・展開

第一節　はじめに

チャンドラー（A. D. Chandler, Jr.）は、その著『スケール　アンド　スコープ』（一九九〇）[1]で、アメリカを競争的経営者資本主義、イギリスを個人的資本主義、ドイツを協調的経営者資本主義、と位置づけている。アメリカ（ドイツも同じ）では、所有（者）と経営（者）が分離し、全般管理者としてのトップ・マネジメントの階層が生じ、生産および販売の統合を通じてミドルの職能管理者が重要な位置を占めるに至った。さらに、企業経営を通じて得られた利益は内部留保され、長期的な利益を目指して、研究開発によるイノベーションが促進された。こうして、市場に代わる「見える手」としての大企業経営が、発展したのである。これに対してイギリスでは、所有と経営は分離せず、トップは所有者・創業者として、専ら短期的な利益と株式配当に関心をもち、同族会社を中心とした、小規模企業の連合体の協調にとどまり、経営階層や専門的な職能管理が発達しなかった。

イギリスでは、オックスフォード大学やケンブリッジ大学を卒業した人々の第一の目標は、政治家や文筆家であり、それが社会的な期待に沿うことであった。それに成功しなかった人々は、一旦ロンドンを離れ、ビジネスを起こし、軌道に乗ったら、経営を他人に任せて、自らは配当を頼りに、再度ロンドンに出てやり直すことが、一般的であったと言われる[(2)]。

イギリスは、第一次世界大戦で債務国に転落し、さらに第二次世界大戦で、社会的にも経済的にも疲弊を余儀なくされた。こうして第二次世界大戦後、生産性の回復が喫緊の課題となった。このような事情を背景に、一方では、テイラーの科学的管理論における工場の能率とウェーバー以来の官僚制論における組織の効率、他方では、ハーバード大学によるホーソン工場での実験に始まる産業心理学（＝人間関係論）における人間と社会システムの均衡、といった問題に刺激を受けて、種々の産業調査が行われた[(3)]。

ラプトン[(4)]は、こうした第二次世界大戦以後の研究動向を次の六つにまとめている。①産業官僚制の研究、②組み立てライン技術と労働者、③生産技術の組織におよぼす影響、④技術上・経営上の変化、⑤フォーレイ生産性協定、⑥作業集団と「生産高の制限」、である。このうち、①と③がウッドワードの研究に関連し、②④⑥がタヴィストック人間関係研究所の研究に関連している。このように考えるなら、イギリスの経営学研究は、ウッドワードのような、官僚制組織との関連で経営組織全体のあり方を問題にする研究と、タヴィストックのような、作業組織の技術的および社会的諸問題（生産性と動機づけの問題）が、主流であったことが分かる。

第二節　技術と組織構造

Contingency Theory（状況適合理論）という命名は、ローレンス&ローシュによるものである。ここにContingencyとは、①不確実性がある（統制できる内生変数でも、制約要因でもない）、②二つの変数の関係が第三の変数のあり方に依存する、という意味をもつ。ローレンス&ローシュ、ペロー、トンプソンらは、ウッドワード[5]をみて、彼らの目指していた研究方向がこれであるという印象をもち、一九六六年にアメリカで学会を開き、翌一九六七年、彼らの研究が陸続と刊行された。これがペロー（一九六七）[6]、トンプソン（一九六七）[7]である。テイラー以来提唱されてきた、「唯一最善の組織化の方法」を否定するこれらの研究動向を総称して、ウッドワード（一九六五）[8]が「状況適合理論」と呼んだのである。その意味で、ウッドワード（一九六五）[8]、ローレンス&ローシュは、「状況適合理論の嚆矢」であり、一九六七年は「状況適合理論革命」の年であったと言えよう。

ウッドワード（一九六五）[9]およびウッドワード（一九七〇）[10]については、本書で詳しく紹介し、その影響を論じた。簡単に要約すると、以下の四点に絞られる。①技術を、その複雑性という点から、単品・小バッチ生産、大バッチ・大量生産、装置生産、の三つに分類した。これは、技術の発展順序でもある。②技術と組織構造の間には、一定の関連があった。技術の複雑さと共に比例的に変わる組織構造特性（e.g. 階層の数）と、技術尺度の両極端で類似した性質をもつ組織構造特性（e.g. 単品・

小バッチ生産と装置生産では有機的組織、大バッチ・大量生産では機械的組織）があった。③組織構造特性がサンプルの中位数に近い会社は、平均より業績が良かった。④それぞれの技術タイプは、研究開発部門、生産部門、販売部門の間のサイクルに特有の影響を与える。例えば、単品・小バッチ生産では、注文をとる販売が最初に来て、販売→研究開発→生産というサイクルになる。この真ん中の部門（ここでは研究開発部門）がパワーをもつ企業では、業績が高かった。

ここでは、ウッドワードとペローの技術分類の差異について、論じておきたい。ウッドワード（一九七〇）[11]は、大バッチ・大量生産では、コントロールが分散的で、一義的に組織構造が決まらないと主張した。これは、ウッドワード（一九六五）[12]の技術分類が機械の複雑性を考慮しているものの、ペローのような、人間の問題解決能力としての技能を視野に入れていないためだと考えられる。したがって、以下のように、技術についての、ウッドワードの三分類と、ペローの四分類とを、対応させることができる。

①単一システムの人的統制（単品生産）は、クラフト技術に、②単一システムの機械的統制（装置生産）は、ノンルーティン技術に、対応させることができる。また、大バッチ・大量生産は、機械による生産統制が進むと考えれば、③多様なシステムの人的統制は、ルーティン技術に、④多様なシステムの機械的統制は、工学的技術に、細分類することができる。

官僚制の検討と産業心理学から生じたもう一つの研究が、アストン・グループの一連の研究である[13]。これは、操作化された概念と統計分析を基に、厳密な実証に沿って、組織構造とそれに影響を与える要因（＝規模）を追求した研究グループである。ピューをリーダーとして、ヒクソン、ハイニングズ、チャイルド、ドナルドソンらがそのメンバーである。

アストン研究について、次の二点を指摘しておきたい。第一は、組織構造概念の抽出である。官僚制概念を検討して、因子分析や主成分分析により、活動の構造化（専門化、公式化、標準化）、形態（＝ライン管理者による作業の人格的統制）、権限の集中、という三つの次元が、官僚制を特徴づけていると主張された。こうして、高い活動の構造化・ライン管理者による非人格的統制・集権からなる「完全官僚制」と、高い活動の構造化・ライン管理者による非人格的統制・分権からなる「業務官僚制」が識別された。

第二に、この組織構造に影響を与える要因として、規模の重要性を、主に相関分析を通じて、明らかにした。官僚制の研究には、二つの流れがある。一つは、合理的で効率的であるはずの官僚制という組織構造が、変動的環境の下で、かつ専門化された仕事の中でも全人格的な活動を展開したいという人間の特徴の下で、「予期せざる結果」を生み出す「官僚制の逆機能」についての研究である。これは、組織構造が、それに相応しい組織行動（組織過程）を確保できないという問題である。マートン（R. K. Merton）や、ブラウ（P. M. Blau）などの研究が有名である。ただし、こうした官僚制の逆機能の研究、即ち組織行動の研究は、イギリスでは展開されなかった。もう一つの官僚制の研究は、さまざまなタイプの官僚制の識別と、それをもたらす原因の追究であった。この原因が、技術であるか、規模であるかというのが、今日まで一つの論争となっている。アストン研究は規模を、ウッドワードは技術（課業のタイプ）を、官僚制をもたらす原因と考えたのである。即ち、前者は、組織が大きくなれば官僚制がもたらされると考えたのであり、後者は、仕事の内容がルーティン化されれば、官僚制がもたらされると主張したのである。

この論争についての、筆者の結論のみ記せば、以下のようになる。技術は、形態というライン管理者による作業の人格的統制に影響を与え、規模は、その形態の範囲内で、活動の構造化に影響を与える、と。

第三節　課業環境と組織過程

ローレンス&ローシュ（一九六七）[14]の研究は、ウッドワードと同じく、状況要因と組織構造の適合が高業績をもたらすと主張するが、技術（内部環境）ではなく、課業環境（外部環境）を重視する。課業環境（不確実性）と組織過程（分化と統合）が適合すれば、高業績がもたらされるというのが、ローレンス&ローシュの主張である。

第一に、企業にとっての課業環境は、三つの下位環境（科学、技術―経済、市場）から構成される。企業はこれに対して、それぞれ研究開発部門（R）、生産部門（P）、販売部門（S）という職能部門化によって対処する。下位環境の不確実性は、科学、販売、技術―経済の順に低くなる。したがって、研究開発部門の不確実性は一番高く、生産部門の不確実性は最も低い。

第二に、この不確実性に応じて、各職能部門は分化する。分化とは、異なった部門の管理者の志向の差異であり、目標志向、時間志向、対人関係志向、構造度（＝公式化、標準化の程度）の四つで測定される。プラスチック企業のＲＰＳ三部門の不確実性は、コンテナ企業のそれに比べて、それぞれ高く、しかも三部門の不確実性の差異が大きい（多様性が高い）。したがって分化の程度も高い。逆に、コンテナ企業のＲＰＳ三部門の不確実性は相対的に低く、その差も少ないので、分化の程度は低い。

第三に、企業にとっての「競争上最も重要な問題（＝競争戦略）」に伴って、三部門間に必要とされる相互依存性は異なる。不確実性の高いプラスチック企業では、重要な問題は製品および製造方法の革新なので、ＲとＰ、ＲとＳの間に、交互的相互依存性が必要となる。不確実性の低いコンテナ企業では、需要に気づいて迅速に製品を顧客に配達することが重要なので、ＳとＰの間に逐次的相互依存性、生産を行う工場間に生産能力を適正に分配するために共同的相互依存性、が必要であった[15]。

第四に、分化の程度が高くなるほど、環境の要求に対処するために必要な部門間の共同の質である統合は困難になり、階層だけでなく、水平的関係＝公式の統合メカニズムが必要になる。プラスチック企業は、したがって、階層以外に、チームや統合部門が必要になる。これに対して、不確実性の低いコンテナ企業では、階層による統合で十分である。

ローレンス＆ローシュの分析は、課業環境―単一の製品ラインを生産・販売する組織[16]（＝職能部門制組織）―職能部門、の関係である。これに対して、ローシュ＆アレン（S. A. Allen Ⅲ）は、多角化された課業環境―複数の製品ラインを生産・販売する事業部制組織―個々の事業部の関係である。ここでは、事業部間の相互関連の低いコングロマリット（C）と、事業部間に一定の逐次的相互依存性をもつ垂直統合企業（V）が比較される。

Cの課業環境は、無関連なさまざまな事業に直面しているので、不確実性が高く多様性が高い。これに対してVは、事業部間に相互関連があるので、不確実性も多様性も低い。

したがって、第一に、Cの分化の程度は高く、Vのそれは低い。ただし、Cの事業部は多様なので、各事業部の自律性が必要であり、統合メカニズムは階層だけで事足りる。逆に、Vは事業部間に関連があるので、この相互依存性を処理するために、階層以外のさまざまな統合メカニズムが必要であった。

ローシュ&モース（J. J. Morse）[17]の分析は、職能部門の環境―個々の職能部門―部門内で働く従業員の関係である。環境の不確実性の高い研究開発部門（R）では、分化も高く統合も複雑な部門内組織が適合しており、部門の業績が高い。このとき、Rで働く人々は、（業績に関連なく）その環境に相応しいパーソナリティ（高い統合の複雑度、高いあいまいさへの許容度、権威に対する低い従属度、個人主義的態度）を展開していた。環境と組織が適合して、高業績が達成されたときにのみ、こうしたパーソナリティを発達させたことに満足感を覚え、有能感（自分の環境をうまくマスターすることによって得られる満足感）が高かった。したがって、部門環境の不確実性の低いPでは、低い分化と階層だけの単純な統合メカニズムをもつ部門組織が適合しており、このときPの業績は高かった。ここでも、Ｐの従業員は、（業績に関連なく）低い統合の複雑度、低いあいまいさへの許容度、権威に対する高い従属度、集団主義的態度という特徴をもったパーソナリティを発達させていた。ただし、高業績のときにのみ、成員の有能感は高かった[18]。

以上の三つの研究は、事業部制組織、職能部門制組織、職能部門、個人のレベルで、状況適合理論の主張（＝環境と組織が適合すれば業績が高い）を実証するものであった。

第四節　課業と組織デザイン

トンプソン（一九六七[19]）は、技術と課業環境という二つの状況要因と組織デザインとの関係を考えている。彼の状況要因とは、統制可能な内部要因でも統制不可能な制約要因でもなく、企業にとって、回避したり吸収したりする必要のある不確実性となる要因である。

第一に、企業活動の中核をなす技術には、媒介技術、連続技術、集約技術の三種類がある。媒介技術は、部門間に共同的相互依存性をもたらすので、標準化によって調整される。連続技術は、部門間に逐次的相互依存性をもたらすので、スケジューリングによって調整される。集約技術は、部門間に交互的相互依存性をもたらすので、相互調節（フィードバック）によって調整することが必要になる。

第二に、環境は、具体的には、当該組織が取引きを行う他組織群を意味しており、他組織への依存性を処理して、不確実性を回避するために、できるだけ自律性を確保してパワーを得るべく、さまざまな戦略（環境操作戦略）をとる。即ち、競争、評判（ブランド）の獲得、契約、役員の導入、連合、課業環境の拡大を行う。

第三に、組織は、課業環境への依存性から生じる不確実性を、環境操作戦略によって回避できるなら、技術的合理性を確保するような組織デザインを行う。それができないなら、技術と課業環境を適合させるような新しい組織デザインへと、組織を変革する。まず、環境が安定的で、スケジューリングによって調整できるなら、職能部門制組織が採用される。課業環境の不確実性が増大しても、在庫、平準化、予測等によって中核技術を課業環境の変動から隔離できるなら、この組織形態は有効である。次に、環境が動態的で、中核技術と対境部門が交互的相互依存の状態にあるなら、両者をまとめて独自の活動領域をもつ自己充足的な単位に分割することが効果的である。これは一般的に分権的な事業部制組織と呼ばれるものである。最後に、技術変化が早く環境が複雑で動態的なら、一方で職能別の専門化（職能部門制組織）に基礎を置いて効率的に通常業務を遂行しながら、他方でこの専門化された諸（職能）部門から、特定の製品やプロジェクトのために人員を選抜して、例えばタスク・フォースへと展開することが必要になる。

トンプソンの主張は、組織にとって影響を与える状況要因として、技術と課業環境の二つを同時に考え、その相互作用から、組織を動態的にデザインしようとする試みである。

ガルブレイス（一九七三）[20]は、トンプソンの影響を受けて、課業の不確実性（課業の遂行に必要な情報量から組織がすでにもっている情報量を引いたもの）に対する情報処理という視点から、組織デザインを体系的に展開した。

第一に、課業の不確実性が低い場合には、組織は、階層、ルール、目標設定によって対処する。階層は、対立する単位に対して、より包括的・全体的な立場から、共通の利害・目標を達成する普遍的な方法である。ルールは、インプット（手段）を前もって定めることによって、繰り返し発生する問題に対応する方法である。目標設定は、手段がはっきりしないような不確実性がある場合に、アウトプット（目標）だけを設定して、それに達する手段を、個々人の状況に応じた裁量に任せる方法である。これが課業の不確実性に対処する三つの基本的方法である。

さらに課業の不確実性が増大すると、組織は、大きく二つの方法で対処する。一つは、情報処理の必要性を減らす方法である。ここには、スラックと自立的な課業の統括（＝事業部制組織）の二つがある。もう一つは、情報処理能力を増大させる方法である。ここには、コンピュータなど使って情報処理を集中的・大量に行う垂直的情報システムの充実と、水平的関係（統合メカニズム）の確立がある。後者は、①個人的な統合を図る直接の接触と専門的な連絡役、②異なる専門の人々が集まって、グループを形成することにより問題を解決する、タスク・フォースとチーム、③階層によって管理する統合者と統合部門、がある。さらに統合が進めば、二重の権限関係が公式化されて、マトリックス組織になる。

ガルブレイスでは、環境が複雑・動態的になるにつれて、職能部門制組織に統合メカニズムが付加されて、マトリックス組織へと至るプロセスが描かれている。

以上より、状況適合理論の特色として、以下の三点をあげることができる。第一に、環境が組織に影響を与えることを前提として、組織構造が組織行動・組織過程を規制するという組織デザインの視点から、環境→組織→人間という因果関係を想定するＯｐｅｎ＆合理的モデルの立場に立っている。第二に、状況適合理論の鍵概念は適合（Fit）であり、環境と組織の適合が、高業績をもたらすと考えている。第三に、一定の環境と一定の組織デザインとの適合を前提するため、組織の成長は、ある適合状態から別の適合状態へ移るという、段階的な不連続な発展を想定することになる。これが組織の発展段階モデルである。ここでは、技術への対応であるヨコの分業としてのファンクショナル組織と、環境への対応であるタテの分業であるライン組織が、基本的な二つの組織編成原理である。ファンクショナル組織の専門化の利点とライン組織の命令の一元化の利点を統合した組織が、ライン＆スタッフ組織である。規模の経済性を確保すべくライン＆スタッフ組織を部門化したものが、職能部門制組織である。範囲の経済性を活かすべくライン＆スタッフ組織を部門化したものが、事業部制組織である。職能部門制組織と事業部制組織を統合したものが、マトリックス組織である。ペロー、ローレンス＆ローシュ、トンプソン、ガルブレイスへの流れを見ると、状況適合理論では、マトリックス組織（への移行）が前提されていると考えられる[21]。

第五節　状況適合理論への批判

状況適合理論には、色々な批判がある。作業現場にしか適用できない特殊性理論である、静態的である、安定的な環境で機械的・官僚制的な組織が効果的であると言うのは、保守的なイデオロギーである、複数の状況要因が対立する場合には一貫した組織デザインは困難である、環境決定論である、等々である。

しかし、状況適合理論は、全体としての組織に焦点を当てており、例えばローシュ＆アレンの研究は、多角化された事業部制組織の本社と事業部の関係を問題にしている。

また、一定の技術や課業環境と一定の組織デザインの適合を問題にしている限り、静態的であることは確かであるが、環境と組織の適合性を問題にするということは、環境が変化すれば、組織が変化することを前提としており、例えば、ガルブレイスでは、課業の変化に応じて、統合メカニズムを付加して、次第に組織が変化していくプロセスを描いている。

安定的な環境で参加的な組織が否定されているとしても、①安定的な環境で職能部門制組織が有効であったことは事実であり、②技術的には機械的な組織が有効であっても、社会的な影響で、環境の側から参加的な組織が要請されることはあるし、③全体として経営組織が機械的であっても、作業現場で職務拡大や職務充実が、導入されることは可能であろう。人間の欲求は多様であり、経済人、社会人、自己実現人などを一元的に仮定することはできない。個々人は多様な組織に関わっており、ある一つの組織では「経済人」として、別の組織では「社会人」として関わることも可能である。

複数の状況要因が対立する意味合いをもつなら、整合的な組織デザインが困難であるといわれるが、トンプソンでは、技術と課業環境という二つの対立する状況要因を、組織を通じて調停することこそが管理であると主張されている。また、ヨコの分業を旨とするファンクショナル組織と、タテの分業を基礎とするライン組織という対立した組織編成原理の調節こそが、組織デザインの根本的問題である。近時「二重制組織（Ambidextrous Organization）」が問題とされるのは、こうした状況を反映している。

状況適合理論がＯｐｅｎ＆合理的モデルに立脚し、環境→組織→人間という因果関係をもっている限り、環境決定論という批判は、免れ得ない。この意味で、チャイルド（一九七二）[22]の状況適合理論批判としての戦略選択論は、一考の余地がある。彼の批判は次の通りである。

組織デザインと業績水準の間に相関が発見されたからと言って、直ちに組織変数が原因であるとは断定できない。環境と組織が不適合であっても、何らかの管理的努力（e.g. 環境操作戦略）によって、業績をあげることも可能だし、低業績が組織構造の再編成を促すこともある。したがって、組織は環境によって決定・制約されるのではなく、経営者による戦略の選択が重要である、と。

こうして、チャイルド（一九七七）[23]は、同じ環境、同じ規模で操業している北米の四つの航空会社を調べて、高業績の二社の間には、組織に差異があったと報告している。一社は集権的で、経営者の時間志向は短く、頻繁に会議を開き、コンフリクトを非公式の対人関係によって処理していた。別の一社は、分権的で、地域・資源別に事業部門化されており、長期的な視野をもち、コンフリクトは公式の場で徹底討議（コンフロンテーション）によって、処理されていた。同じ環境の下で、対照的な組織デザインをもった二社の業績が良かったことは、状況適合理論の環境決定論的な前提に反する、というのがチャイルドの批判の根拠である。[24]

第六節　状況適合理論とＥＳＯＰパラダイム

状況適合理論は、環境と組織の適合が高業績をもたらすと主張するので、チャイルドの言うように、環境が組織のあり方を決めるという意味で、環境決定論であった。ただし、次の二点には注意が必要である。

第一は、状況適合理論に言う課業環境は、認知された不確実性を問題とするものである。したがって、認知された後の環境に焦点を当てており、この環境認知のプロセスには触れていない。組織がその環境をどう認知するかの分析が必要である。この点について、ワイク（K. E. Weick）（一九九五）[25]は、実現環境（Enacted Environment）が、実現—淘汰—保持といういわゆる組織化の進化モデルに沿って生じるプロセスを分析している。その意味で、環境→組織→人間という因果関係（Organized）だけでなく、人間→組織→環境という因果関係（Organizing）を考慮に入れることが必要である。

第二に、状況適合理論は、環境→組織→業績（ＥＯＰ）という環境決定論的な因果関係を想定しているが、環境と組織が直接結びついているのではなく、組織は、戦略を介して環境と結びついている。したがって、環境決定論という批判に答えるためには、戦略を考慮することが不可欠である。

実際、一九七〇年代の状況適合理論批判を受けて、状況適合理論の側では、戦略、特にチャンドラーの戦略論、さらには、それを戦略─組織構造─業績（ＳＳＰ）パラダイムとして精緻化したルメルト（R. P. Rumelt）の議論、をとり入れることで、環境決定論という批判に応える方向で、研究が展開されてきた。

チャンドラーの命題は、次の三つである。①組織構造は戦略に従う、②戦略と組織構造の一定の組合わせを前提とするなら、戦略─組織構造の成長は、発展段階モデルとなる。③新しい戦略の策定と組織の革新の間には、時間的なズレがあり、経営者のパーソナリティがそれに関係する。(26)

以上のように考えるなら、第一に、環境→組織→人間というOrganized の議論（Ｏｐｅｎ＆合理的モデル）と、人間→組織→環境というOrganizing の議論（Ｏｐｅｎ＆自然体系モデル）を統合する枠組みが必要である。第二に、環境決定論的な状況適合理論の環境─組織─業績パラダイムと、チャンドラー以来の戦略─組織構造─業績パラダイムを統合して、環境─戦略─組織─業績パラダイムを展開することが必要である。ここで、上から下への因果関係（Ｅ→Ｓ→Ｏ→Ｐ）が、状況適合理論を始点とするOrganizedの理論であり、下から上への因果関係（P→O→S→E）が、ワイクの組織化の進化モデルを始点とし、チャイルドの戦略選択論をも含む、Organizingの理論である。

第七節　結語

本巻では、状況適合理論を紹介するという視点からウッドワードを取り上げ、その主張を体系的に紹介・解説した。ウッドワード（一九六五）は、状況適合理論の嚆矢となった研究であり、それをローレンス&ローシュらが、新しい経営学の動向として位置づけ、Contingency Theory（状況適合理論）と名づけたのである。

ウッドワード（一九六五）[27]は、一九七〇年に『新しい企業組織』と題されて日本語に翻訳されて紹介されたが、当時学界では、必ずしも評判とはならなかった。本章でも触れたとおり、ウッドワード（一九六五）[28]の影響で、状況適合理論が開花し、一九六七年「状況適合理論革命」が生じたのである。

本巻は、日本で初めてのウッドワード（一九六五、一九七〇）[29]の紹介・解説であり、その意義はきわめて大きい。また、N. Phillips, G. Sewell, D. Griffiths 編集の *Research in the Sociology and Organizations, Vol. 29* は、*Technology and Organization: Essays in Honour of Joan Woodward* (2010) という表題であり、今日ウッドワードの業績が益々重要味を帯びていることを示している。

本巻はまた、これまでアメリカ経営学が主に取り上げられてきた学界状況に対して、イギリス経営学の再吟味が必要であることも示唆している。

（岸田　民樹）

注

（1）Chandler, A. D., *Scale and Scope: The Dynamics of Industrial Capitalism*, Cambridge, Mass., Harvard University Press, 1990.（安部悦生・川辺信雄・工藤　章・西牟田祐二・日高千景・山口一臣訳『スケール　アンド　スコープ―経営力発展の国際比較―』有斐閣、一九九三年。）

（2）米川伸一『経営史学―生誕・現状・展望―』東洋経済新報社、一九七三年。

（3）医学調査会議の産業心理学部門や全国産業理学協会などの一連の調査活動が、それである。

（4）Lupton, T., *Management and Social Sciences*, The Administrative Staff College, Abingdon, Oxfordshire, UK, 1966.（小林康助・相馬志都夫訳『経営システムの科学』中央経済社、一九七〇年。）

（5）Woodward, J., *Industrial Organization: Theory and Practice*, London, Oxford University Press, 1965.（矢島鈞次・中村壽雄共訳『新しい企業組織』日本能率協会、一九七〇年。）

（6）Perrow, C., "A Framework for the Comparative Analysis of Organization," *American Sociological Review*, Vol. 32, No. 3, 1967.

（7）Thompson, J. D., *Organizations in Action*, New York, McGraw-Hill, 1967.（高宮　晋監訳『オーガニゼーション　イン　アクション』同文舘、一九八七年。大月博司・廣田俊郎訳『行為する組織』同文舘、二〇一二年、は新訳である。）

（8）Woodward, *op. cit.*

（9）Woodward, *op. cit.*

（10）Woodward, J. ed., *Industrial Organization: Behaviour and Control*, London, Oxford University Press, 1970.（都筑栄・宮城浩祐・風間禎三郎共訳『技術と組織行動』日本能率協会、一九七一年。）

（11）*Ibid.*

（12）Woodward, *op. cit.*

（13）アストン・グループの膨大な研究は、次の四冊にまとめられている。Pugh, D. S. and J. Hickson, eds., *Organizational Structure in its Context, The Aston Programme I*, Farnborough, Hampshire, Saxon House, 1976. Pugh, D. S. and C. R. Hinings, eds., *Organizational Structure: Extention and Replications, The Aston Programme II*, Farnborough, Hampshire, Saxon House, 1976. Pugh, D. S. and R. L. Payne, eds., *Organizational Behaviour in its Context, The Aston Programme III*, Farnborough, Hampshire, Saxon House, 1977. Hickson, D. J. and C. J. Mcmillan, eds., *Organization and Nation, The Aston Programme IV*, Farnborough, Hampshire, Gower, 1981.

（14）Lawrence, O. R. and J. W. Lorsch, *Organization and Environment: Managing Differentiation and Integration*, Boston, Division of Research Graduate School of Business Administration, Harvard University Press, 1967.

（15）このような論理構成は、ローレンス&ローシュ（一九六七）にはない。Lorsch, J. W., "Introduction to the Structural Design of Organization," G. W. Dalton, P. R. Lawrence and J. W. Lorsch, eds., *Organization Structure and Design*, Homewood, IL., Irwin-Dorsey, 1970. および Lorsch, J. W. and P. R. Lawrence, "Environmental Factors and Organizational Integration," J. W. Lorsch and P. R. Lawrence, eds., *Organizational Planning: Cases and Concepts*, Homewood, IL., Irwin-Dorsey, 1972. を参照。

（16）Lorsch, J. W. and S. A. Allen III, *Managing Diversity and Interdependence: An Organizational Study of Multidivisional Firms*, Boston, Harvard University Press, 1973.

（17）Lorsch, J. W. and J. J. Morse, *Organizations and their Members*, New York, Harper & Row, 1974.（馬場昌雄・服部正中・上村祐一訳『組織・環境・個人』東京教学社、一九七七年。）

（18）人間関係論以降の議論では、個人の動機づけが満足をもたらし、それが生産性の上昇を促すと論じられてきた。ローシュ&モースの議論は、逆に生産性の上昇が個人に満足をもたらすと主張するものである、と考えることができる。単調な作業でも、個人に有意味な形で提供されるなら、生産性の上昇が動機づけ―満足をもたらすと考えられる。

（19） Thompson, *op. cit.*

（20） Galbraith, J. R., *Designing Complex Organizations*, Reading, Mass., Addison-Wesley, 1973.（梅津祐良訳『横断組織の設計』ダイヤモンド社、一九八〇年。）

（21） 状況適合理論は、当初単なるアプローチであり、環境の安定的な状況では、古典的な管理論が、不安定的なときには人間関係論が適用されると主張しているに過ぎない、と言われた。新しい組織像であるマトリックス組織を提示することで、理論としての意義が明らかになったと言える。

（22） Child, J., "Organizational Structure, Environment and Performance: The Role of Strategic Choice," *Sociology*, Vol. 6, 1972.

（23） Child, J., "Organizational Design and Performance: Contingency Theory and Beyond," *Organization and Administrative Sciences*, Vol. 8, No. 2 & 3, 1977.

（24） 同じアストン・グループの一員であるが、新しい世代のドナルドソンは、むしろ状況適合理論を実証的・機能主義的な研究であり、社会科学の正統的な研究であると強調している。彼の理論の特徴は次の三つである。第一は、SARFIT（Structural Adaptation to Regain Fit）と呼ばれる主張であり、戦略ではなく、組織構造の選択こそが、業績に影響を与えるとされる。ここから彼は、チャイルドの戦略選択論も含めて、自らの状況適合理論をStructural Contingency Theoryと呼んでいる。第二は、状況適合理論の動態化に関する主張であり、適合―異業績仮説と呼ばれる。これは、同じ適合状態でも、規模という状況変数の小さい時の適合（活動の構造化の程度も低い）は、規模が大きいときの適合（活動の構造化の程度もより高い）に比べて、業績水準が低いとする議論である。したがって、組織は常に過剰な規模の下での適合状態を選択する傾向があるので、組織は一定の適合状態でとどまるのではなく、大規模化し、活動の構造化をさらに高める方向へとダイナミックに適合状態を移動させると言う。第三に、これに関して、過剰適合（規模の水準よりも活動の構造化が大きい場合）と、過少適合（活動の構造化の程度より、規模の水準のほうが高い場合）を比べて、どちらも業績を低下させるが、後者は目的が達成されず有効ではないが、前者は目標が達成されて有効ではあるが、効率性が保障されず、不必要な構造化のコストを生み出すので、過少適合の方が過剰適合よりも、業績が低いと論じている。Donaldson, L., *The Contingency Theory of Organizations*, Thousand Oaks, Calif., Sage, 2001.

(25) Weick, K. E., *Sensemaking in Organizations*, Thousand Oaks, Sage, 1995.（遠田雄志・西本直人訳『センスメーキング　イン　オーガニゼーションズ』文眞堂、二〇〇一年。）

(26) Galbraith, J. R. and D. A. Nathanson, *Strategy Implementation: The Role of Structure and Process*, St. Paul, Minn., West Publishing, 1978.（岸田民樹訳『経営戦略と組織デザイン』白桃書房、一九八九年。）

(27) Woodward, *op. cit.*

(28) Woodward, *op. cit.*

(29) Woodward, *op. cit.*

『経営学史叢書　第Ⅷ巻　ウッドワード』執筆者

岸田　民樹（名古屋大学　経営学史学会理事
巻責任編集者　まえがき・終章）
風間　信隆（明治大学　経営学史学会理事　第一章）
寺澤　朝子（中部大学　経営学史学会幹事　第二章）
趙　　偉（中部大学　経営学史学会会員　第二章）
小橋　　勉（愛知工業大学　経営学史学会会員
第三章第一節・第三節）
杉浦　優子（名古屋外国語大学　経営学史学会会員
第三章第一節・第二節）
稲村　　毅（大阪市立大学名誉教授　経営学史学会会員
第四章）

経営学史叢書　Ⅷ
ウッドワード

平成二四年五月三一日　第一版第一刷発行

検印省略

経営学史学会監修
編著者　岸　田　民　樹
発行者　前　野　　弘

東京都新宿区早稲田鶴巻町五三三
発行所　株式会社　文　眞　堂
〒一六二―〇〇四一
電　話　〇三―三二〇二―八四八〇
ＦＡＸ　〇三―三二〇三―二六三八
振　替　〇〇一二〇―二―九六四三七番

印刷　モリモト印刷
製本　イマヰ製本所

---

http://www.bunshin-do.co.jp/

ISBN978-4-8309-4738-4　C3034

経営学史学会監修『経営学史叢書　全14巻』

第Ⅰ巻　テイラー
第Ⅱ巻　ファヨール
第Ⅲ巻　メイヨー＝レスリスバーガー
第Ⅳ巻　フォレット
第Ⅴ巻　バーリ＝ミーンズ
第Ⅵ巻　バーナード
第Ⅶ巻　サイモン
第Ⅷ巻　ウッドワード
第Ⅸ巻　アンソフ
第Ⅹ巻　ドラッカー
第Ⅺ巻　ニックリッシュ
第Ⅻ巻　グーテンベルク
第XIII巻　日本の経営学説Ⅰ
第XIV巻　日本の経営学説Ⅱ